Copos que andam

Copos que Andam

Copyright by © Petit Editora e Distribuidora Ltda., 1990.
19-5-08-1.000-82.900

Direção editorial: **Flávio Machado**
Assistente editorial: **Dirce Yukie Yamamoto**
Chefe de arte: **Marcio S. Barreto**
Capa (criação): **Clayton Barros**
Diagramação: **Ricardo Brito**
Revisão: **Sabrina Cairo**
Fotolito da capa: **Digigraphic**
Impressão: **SERMOGRAF – Artes Gráficas e Editora Ltda.**

Dados Internacionais de Catalogação na Publicação (CIP)
(Câmara Brasileira do Livro, SP, Brasil)

133.9 Carlos, Antônio (espírito)
C28c Copos que andam / romance do espírito Antônio Carlos; psicografado pela médium Vera Lúcia Marinzeck de Carvalho. São Paulo: Petit, 1990.

ISBN 978-85-7253-018-7

1. Espiritismo 2. Romance mediúnico
I. Carvalho, Vera Lúcia Marinzeck de II. Título

CDU: 133.9

Índices para catálogo sistemático:
Romances mediúnicos : Espiritismo 133.9

Impresso no Brasil, no outono de 2008.

Prezado leitor(a),

Caso encontre neste livro alguma parte que acredita que vai interessar ou mesmo ajudar outras pessoas e decida distribuí-la por meio da internet ou outro meio, nunca deixe de mencionar a fonte, pois assim estará preservando os direitos do autor e conseqüentemente contribuindo para uma ótima divulgação do livro.

Copos que andam

Romance do Espírito
Antônio Carlos

Psicografado pela médium
Vera Lúcia Marinzeck de Carvalho

petit editora

Rua Atuaí, 383/389 – Vila Esperança/Penha
CEP 03646-000 – São Paulo – SP
Fone: (0xx11) 2684-6000
Endereço para correspondência:
Caixa Postal 67545 – Ag. Almeida Lima
03102-970 – São Paulo – SP

www.petit.com.br
petit@petit.com.br

Livros da médium
VERA LÚCIA MARINZECK DE CARVALHO

Da própria médium:

- *Conforto Espiritual*
- *Conforto Espiritual 2*

Psicografados:

Com o Espírito Antônio Carlos

- *Reconciliação*
- *Cativos e Libertos*
- *Copos Que Andam*
- *Filho Adotivo*
- *Reparando Erros de Vidas Passadas*
- *A Mansão da Pedra Torta*
- *Palco das Encarnações*
- *Histórias Maravilhosas da Espiritualidade*
- *Muitos São os Chamados*
- *Reflexos do Passado*
- *Aqueles Que Amam*
- *O Diário de Luizinho* (infantil)
- *Novamente Juntos*
- *A Casa do Penhasco*
- *O Mistério do Sobrado*
- *O Último Jantar*
- *O Jardim das Rosas*
- *O Sonâmbulo*
- *Sejamos Felizes*
- *O Céu Pode Esperar*
- *Por Que Comigo?*
- *A Gruta das Orquídeas*
- *O Castelo dos Sonhos*

Com o Espírito Patrícia

- *Violetas na Janela*
- *A Casa do Escritor*
- *Vivendo no Mundo dos Espíritos*
- *O Vôo da Gaivota*

Com o Espírito Rosângela

- *Nós, os Jovens*
- *A Aventura de Rafael* (infantil)
- *Aborrecente, Não. Sou Adolescente!*
- *O Sonho de Patrícia* (infantil)
- *Ser ou Não Ser Adulto*
- *O Velho do Livro* (infantil)
- *O Difícil Caminho das Drogas*
- *Flores de Maria*

Com o Espírito Jussara

- *Cabocla*
- *Sonhos de Liberdade*

Com espíritos diversos

- *Valeu a Pena!*
- *O Que Encontrei do Outro Lado da Vida*
- *Deficiente Mental: Por Que Fui Um?*
- *Morri! E Agora?*
- *Ah, Se Eu Pudesse Voltar no Tempo!*

Livros em outros idiomas

- *Violets on the Window*
- *Violetas en la Ventana*
- *Violoj sur Fenestro*
- *Reconciliación*
- *Deficiente Mental: ¿Por Que Fui Uno?*
- *Viviendo en el Mundo de los Espíritus*

Dedicamos esta obra a todos
os organizadores e cooperadores da
Feira do Livro Espírita, por todo o Brasil,
e aos diletos amigos e colaboradores:
professor João Duarte de Castro,
Antonina Barbosa Negro e
Leila de Fátima Aparecida S. Sotta.

O Autor e a Médium

Sumário

Prefácio

Em uma certa cidade do interior, numa Feira do Livro Espírita, um grupo de senhoras e demais companheiros responsáveis pelo evento conversam, preocupados, sobre o assunto do momento: a brincadeira que alguns jovens do lugar faziam, com copos, para a invocação de espíritos. Até nas escolas desavisados já estavam se reunindo para, no intervalo das aulas, fazer suas indagações a título de curiosidade. Uma equipe espiritual que prestava assistência aos trabalhos da Feira do Livro preocupou-se com o problema pelo perigo que tal atividade pode levar aos incautos que se envolvem na ação aparentemente inofensiva de brincar invocando espíritos. O mal está no fato de que apenas espíritos inferiores e ignorantes se prestam a esse tipo de invocação. Bons espíritos jamais se dispõem a isso. E os espíritos inferiores, maus e ignorantes, apresentando-se nas sessões de invocação, mentem, mistificam, inclusive assumindo falsa identidade, a fim de satisfazer a curiosidade dos desavisados. Respondem àquilo que lhes perguntam, fazem previsões e dão conselhos, participando da brincadeira. Contudo, julgando-se credores dos participantes que os invocam a seu serviço, fazem duras e dolorosas cobranças pelo "trabalho" prestado. Esses espíritos, portadores de fluidos pesados e negativos, infestam o ambiente a que comparecem. Se gostam do lugar e dos moradores, lá permanecem, passando a fazer parte da vida da família, acarretando todo tipo de desequilíbrio e influências nocivas. Induzem os jovens ao consumo de drogas para que possam vampirizá-los; divertem-se com as peças de mau gosto que pregam aos desprotegidos encarnados, e julgam-se no direito de usar e abusar de tudo e de todos por terem sido chamados para prestação de serviços.

Antônio Carlos e sua equipe acompanham muitos dos envolvidos na brincadeira dos "copos que andam" e têm a oportunidade de presenciar a deletéria atuação dos espíritos inferiores invocados. Constatam muitos casos de obsessão e procuram intervir em favor dos atingidos, numa difícil e espinhosa tarefa de amparo e reparação. Muitas são as histórias relatadas. Inclusive o caso da jovem Nely, que foi induzida a matar o próprio pai, vindo depois a se suicidar!

João Duarte de Castro

Introdução

Em uma cidade pacata e bonita, realizava-se mais uma Feira do Livro Espírita. A tarde morna do mês de agosto contribuía para o movimento das pessoas, que palestravam alegres, trocando idéias sobre a Doutrina Espírita. Um grupo de senhoras simpáticas e demais companheiros conversavam com amizade e respeito sobre o assunto que os preocupava:

– Muitos dos nossos jovens, desinformados, levam na brincadeira algo que desconhecem, e o fazem com a ajuda de muitos adultos – disse Conceição, deveras preocupada. – Até nas escolas estão se reunindo no intervalo das aulas para indagar sobre curiosidades.

– E acontece cada barbaridade! Contam que perguntam datas de desencarnações e obtêm respostas, e que formam até palavras obscenas! – comentou não menos preocupada Maria Luíza.

– Tento, sempre que possível, instruir as pessoas sobre o que é realmente a brincadeira do copo, que de brincadeira não tem nada. Gostaria de indicar a esses jovens algum livro sobre o assunto, mas não tenho conhecimento de nenhum – falou Solange.

– A literatura espírita é vasta – disse Toninha, pessoa de estudo, conhecedora da Doutrina Espírita. – Mas realmente não tenho conhecimento de um livro específico sobre o assunto. Será que não poderíamos pedir ao Antônio Carlos que escrevesse um?

– Seria bem interessante um livro que narrasse os acontecimentos do lado de lá, do plano espiritual, relacionados a essa brincadeira tão em voga – concluiu Solange.

– Acho que vocês se preocupam muito – disse Claudete, otimista. – Essa brincadeira está fazendo muitas pessoas passarem apertos e medos. Brincam com o que não conhecem e, depois, passam a temer as conseqüências. Isso tem levado muita gente a pedir socorro em centros espíritas. De qualquer forma, é uma oportunidade de elas conhecerem o Espiritismo.

– Sem dúvida – disse Toninha –, porém pode ser desastroso para muitos.

– De qualquer modo, preocupo-me – concluiu Conceição. – Quantas obsessões se iniciam dessa forma, com leviandades? Vamos orar e, sempre que possível, informá-los sobre o perigo que correm invocando espíritos inconseqüentemente.

– E, se nós espíritas não os instruirmos, quem poderá fazê-lo? – disse Hilda. – Aproveitemos a Feira para alertar todos, principalmente os jovens que aqui vêm.

A Feira do Livro Espírita

— Deveras – disse Joaquim, um dos desencarnados ali presentes, designado com outros três, Mateus, Lúcia e Maria, para trabalhar na Feira, juntamente com a equipe de pessoas encarnadas, de boa vontade – estamos tendo problemas com essas brincadeiras. As pessoas, quase todas, têm muita curiosidade sobre seu futuro, e os jovens mais ainda. Então invocam espíritos para lhes falarem, pedindo principalmente que adivinhem os acontecimentos futuros e, até mesmo, orientações particulares.

– É verdade – argumentou Mateus. – Fico também preocupado. Sei que esse tipo de invocação é feito em muitos lugares do mundo e de muitas formas. Aqui, os jovens o fazem por brincadeira, porque está em moda. Nossa juventude está fazendo invocações a todo momento. Para isso, reúnem-se em grupos e chamam por um espírito em especial, citando seu nome, ou até mesmo pedem para o espírito que está ali no momento lhes responder. Sabemos que os bons espíritos, os trabalhadores, não têm tempo para essas futilidades, mas os desocupados estão sempre prontos para atendê-los!

– Temos socorrido muitos encarnados, principalmente mães aflitas que estão passando noites em claro com seus filhos porque eles, após a brincadeira, não conseguem dormir, têm medo, escutam barulhos e parecem sentir alguém a seu lado – disse Maria.

– A brincadeira perigosa espalha-se entre grupos de jovens, que fazem até tabuleiros de madeira com letras pintadas e setas. Mas o que mais usam por aqui é um copo de vidro, mais as letras do alfabeto e números em papel – esclareceu Lúcia. – Em cada região, dá-se um nome para essa brincadeira, porém aqui a conhecem por "copo que anda". Sei bem que essas invocações podem levar a muitas obsessões dolorosas e preocupo-me também. Maria e eu trabalhamos há tempos com jovens encarnados e, conhecendo-os bem, sabemos que, na maioria das vezes, fazem isso por fazer ou para participar, por curiosidade, ou até mesmo para serem agradáveis à turma. Entretanto os que têm mais sensibilidade são os mais prejudicados. Essa brincadeira tem se realizado com muita freqüência. Está na onda, como diz a garotada.

– Adultos também estão lidando com isso, embora em número menor. Querem solução para seus problemas, tentam bisbilhotar a vida de outras pessoas ou, ainda, procuram saber do futuro, como se nós, desencarnados, pudéssemos conhecer e responder sobre o que está por vir. Muitos pensam que, só porque desencarnamos, sabemos de tudo e, ainda, que até podemos nos tornar adivinhos.

– O futuro depende muito do livre-arbítrio de cada um! – suspirou Lúcia.

– Bem – falou Mateus –, se você, Antônio Carlos, estiver interessado, poderemos, logo mais, levá-lo para que assista a uma "brincadeira do copo". Verá grupos de espíritos desencarnados desocupados responderem durante um fenômeno mediúnico, por meio de um objeto, no caso um simples copo de vidro, a grupos de encarnados imprudentes que ignoram o perigo que correm nessas horas em que estão a se divertir.

– Aceito e agradeço.

O trabalho do lado espiritual na Feira do Livro Espírita era feito por horário, em rodízio, tal como faziam os encarnados. E não faltavam tarefas. A equipe dos encarnados não só vendia livros, mas também orientava muitas pessoas, com conselhos sensatos e bondosos, e ainda escutava pacientemente os problemas de muitos, procurando sempre ajudar.

Alguns trabalhadores desencarnados eram de uma equipe que acompanhava Feiras do Livro Espírita por todo o Brasil. Eram instruídos e acostumados com esse trabalho, sendo um de seus objetivos o ânimo e a alegria de todos. Outra equipe era constituída por espíritos que trabalhavam no espaço espiritual da cidade, tais quais os amigos que conversavam. Participavam dessa equipe socorristas de três grupos, dos quais faziam parte os encarnados que ali trabalhavam.

Os espíritos davam passes em todos as pessoas e, ainda, socorriam os desencarnados sofredores. Muitos iam até a barraca. Alguns acompanhavam compradores encarnados ou até mesmo buscavam auxílio para seus males. Havia os que se portavam como compradores, certos de estarem encarnados. Eram, então, encaminhados para um posto de socorro ou para um centro espírita, para serem orientados.

A preocupação maior era com os ataques de espíritos avessos ao Bem, que perseguem a divulgação da Verdade. Porque, conforme disse Jesus: “Conhecereis a Verdade e ela vos libertará”. Essas entidades vêem nas Feiras do Livro Espírita uma força enorme que os está vencendo. Por isso as equipes estão sempre atentas na defesa, sempre felizes e irradiando Paz.

Foi com muito prazer que fiquei na barraca, esperando pelos amigos, enquanto observava o movimento.

Três jovens se aproximaram. Eram garotas bonitas, mas estavam inibidas. Puseram-se a olhar os livros em exposição e ficaram a cochichar. Acompanhava-as uma senhora desencarnada, que nos cumprimentou e explicou:

– Marina, minha neta, veio até aqui induzida por mim. As outras são amiguinhas, e elas estão curiosas para participar da brincadeira do "copo que anda". Já fiz de tudo para elas não irem e, na tentativa de que alguém as instruísse, encaminhei-as até aqui. Preocupo-me com Marina. Ela é doce e bondosa, mas, sendo médium e participando de uma atividade onde espíritos brincalhões estejam presentes, temo que um deles se torne companhia dela e a prejudique.

José Luiz, que no momento estava a receber as pessoas e a orientá-las na compra de livros, cumprimentou-as e indagou:

– Que livros preferem? Romances?

– Será que você poderia nos responder uma coisa? – indagou Marina, que nem esperou pela resposta e continuou: – A brincadeira do "copo que anda" é espírita?

– O Espiritismo é uma doutrina que ensina somente o Bem, a modificação íntima das pessoas, tornando-as melhores. É uma religião séria, que proporciona aos seus seguidores estudo e orientação. E, respondendo à sua pergunta, esse divertimento não é espírita. O "copo que anda" constitui apenas um fenômeno mediúnico.

– Hum! – suspirou Marina.

José Luiz entendeu que não fora bem compreendido e explicou mais claramente:

– Não, minha filha, essa brincadeira não é espírita, porém nós, espíritas, entendemos que os mortos do corpo que estão vivos em espírito ou, como também são chamados tantas vezes, os fantasmas, as assombrações podem vir e brincar quando são chamados. Entenderam?

– Ave-Maria! São demônios! – exclamou uma delas.

Estavam assustadas e, atentas, escutavam as elucidações de José Luiz:

– Desencarnados são os que vivem sem o corpo físico, são os vivos cujo corpo morreu. Continuamos a ser no Além o que fomos aqui. Pessoas sérias, ocupadas, não desperdiçam seu tempo. Espíritos bons não participam de fenômenos mediúnicos que não visam ao Bem. Dessas brincadeiras participam espíritos que não têm o que fazer, que são desocupados e brincam com as pessoas para se divertir. Muitos deles podem ser maus ou "demônios", como você disse, porém "demônios" são também nossos irmãos que, no momento, desconhecem o Bem e afastaram-se de Deus.

– Por que querem participar desse divertimento? – indagou Solange, que se aproximara e escutava a conversa.

– Para saber o futuro – respondeu uma delas. – Se vou casar, se vou estudar...

– O futuro só Deus sabe – replicou Solange. – Esses espíritos levianos respondem o que lhes vem à mente, sem se importar com a verdade. Mentem e divertem-se. Depois, são almas de mortos. Vocês não têm medo? Pois deveriam temer os que participam dessa brincadeira. Por isso, não devem se divertir com o "copo que anda"!

– Eu não vou!

– Nem eu!

– Sei lá... E se vier um demônio e ficar conosco? Isso pode acontecer, não é? Meu pai disse que pode... Tenho medo!

– Esse é o grande perigo – concluiu José Luiz: – Algum espírito maldoso ficar e atrapalhar a vida de vocês.

Interessaram-se por alguns livros e indagaram o preço.

– Que preço baixo! Custa só isso? – disse Marina. – Nunca vi um livro tão barato!

– É porque a literatura espírita não visa a lucro algum, seu objetivo é instruir, informar e ajudar as pessoas – sorriu Solange.

As mocinhas compraram alguns livros e foram embora com a decisão de não participar da brincadeira do copo. A avó desencarnada, aliviada, agradeceu e partiu com elas.

Uma senhora, acompanhada de um espírito, foi até à barraca. Quando o desencarnado viu Claudete, não se aproximou, ficou olhando a distância. A senhora cumprimentou a atendente e logo se queixou:

– Dona Claudete, estou sentindo-me novamente mal, desanimada, com dor de cabeça e cansaço!

A professora Claudete animou-a, sorriu e, como se falasse a um de seus alunos, aconselhou-a, indicando alguns livros que muito poderiam ajudá-la.

– Este espírito, um senhor desencarnado, já foi encaminhado três vezes ao posto de socorro, mas não toma jeito! – informou-nos Maria.

– Por que será que não fica num lugar tão lindo e agradável como é o posto? – indagou Lúcia.

Aproximamo-nos dele, que nos olhou desconfiado e falou rapidamente:

– Não fiz nada, estou quieto. Só olho.

– Sabemos – disse calmamente Mateus. – Só queremos saber o porquê de o senhor não ficar no posto de socorro!

– Bem, lá existe muita disciplina, muita ordem que temos de obedecer. Nem posso fumar...

– Entretanto, lá foi curado e não sente dores; há um leito confortável e alimento.

– Alimento sem carne – replicou, exigente. – Curam-me, porém logo fico doente novamente.

– Sabe que seu corpo morreu. Quando tenta viver como se estivesse encarnado, volta a sentir os sintomas que tinha, e fica doente. Entretanto, o senhor está vampirizando sua esposa!

– Disse bem, meu caro, a minha esposa, e não a sua. Vivemos bem desse modo.

– Sua esposa não pensa assim, pois está constantemente a se queixar dos maus fluidos seus.

– Ela é assim mesmo: queixa-se de tudo.

Parou de falar, foi saindo devagar, distanciou-se alguns passos e correu, desaparecendo de nossas vistas.

– Sempre achei estranho desencarnados saírem dos postos de socorro – disse Lúcia. – Esse senhor prefere vagar, não querendo disciplinar-se.

– Os gostos diferem – explicou Mateus. – Nem todos gostam de amarelo. Nos umbrais encontramos muito sofrimento nos horrores dos cativeiros, nos que padecem em remorso e também na prática de vícios de toda espécie. O que pode ser feio, triste e ruim para alguns, como ficar a vagar ou morar nos umbrais, pode ser uma escolha para outros. O que é um paraíso sonhado para tantos, como as colônias e os postos de socorro, é um lugar desagradável para muitos. Questão de afinidade. Colônias espirituais e postos de socorro são lugares de disciplina, de ordem, onde não se pode conservar vícios e se aprende a moral cristã e a ser útil. Existem os que só querem receber e, pior, exigem sem dar valor a quem os serve. Porém, nem todos os que retornam de um posto de socorro pensam assim, porque a saudade dói. Se queremos bons lugares, temos que nos afinar já com eles, sendo simples e puros, como os que vivem lá.

– Que acontecerá com esse senhor? – indagou Lúcia.

– Esse irmão está negando as oportunidades oferecidas pelo Amor. E a dor virá. Vagando como está, é possível que se torne cativo dos maus e transforme-se em escravo; ele pode, ainda, adoecer mais e passar a sentir dores atrozes. De qualquer forma, ele se cansará desse modo de viver.

A referida senhora comprou um livro e despediu-se de Claudete, queixando-se de que estava com pouco dinheiro. Porém, acendeu um cigarro dos mais caros, cujo preço, de um maço somente, era igual ao do livro. Maria informou-nos:

– Ela sempre pede ajuda a Claudete, e também nós já a socorremos várias vezes. Porém, se fizesse por merecer e se vibrasse como uma cristã, não seria vampirizada. Tem os vícios que o falecido esposo gosta de usufruir. Não vai a reuniões espíritas; só pede, pois prefere receber a colaborar. Não poderemos mais socorrê-la nem levar o esposo para ser socorrido, se continuar a agir dessa forma. Damos, na necessidade, o peixe e depois ensinamos a pescar; cabe a ela fazê-lo ou não.

Logo em seguida, chegou à barraca um rapaz que deveria ter cerca de trinta anos. Quando Toninha indagou-lhe o que queria, ele respondeu:

– Suicidar-me!

– Suicidar-se!!! – exclamou, assustada, Hilda. – Por favor, não faça isso, porque irá sofrer muito mais!

– Eu, bem... Na verdade não quero me suicidar. É que estou intranqüilo. Não sei explicar, mas luto muito para não praticar o suicídio. Queria que as senhoras indicassem um livro que me orientasse.

Acompanhando-o estava uma jovem desencarnada em grande sofrimento. Tomara veneno, o que a levara a desencarnar. Sentia o veneno corroê-la, numa dor aguda, forte, que parecia não ter fim.

Quando o rapaz se aproximou, ela viu uma luz que inundava toda a barraca e pediu, angustiada:

– Ajudem-me! Socorram-me! Pelo amor de Deus, ajudem-me!

A equipe de desencarnados circundou-a, aplicando passes para que se acalmasse. Depois de algum tempo, ela recebeu a bênção do sono e foi levada a um posto de socorro, para socorro e orientação.

Atendendo o rapaz, com fluidos, estavam Toninha, Hilda e Maria Luíza. Demos passes nele, limpando-o e desligando-o da influência da jovem suicida, e ele logo se sentiu melhor.

– Por algum motivo – disse Mateus – essa jovem suicida acompanhava o moço. Estando confusa, perturbada, e sem conseguir esquecer o ato desvairado, que lhe originou tamanhas dores, e por permanecer perto dele, suas idéias se confundiram, e o moço passou a sentir em parte seu desespero. Ele não quer suicidar-se, porém sente-se tentado. Pensa muito nisso e teme.

E, para nosso espanto, o moço falou às senhoras:

– Desde que fiz a brincadeira do "copo que anda", lá em casa, sinto-me assim: angustiado, aflito, com dores de estômago; não consigo dormir direito e parece que escuto: "Suicida! Suicida!" Não quero isso, não, moças. Não quero. Sei que quem se suicida vai para o Inferno. Acredito em Deus e não posso fazer isso nem ir para o Inferno.

– Quem pratica esse ato sofre muito realmente, porém Deus é bom demais e o castigo eterno não existe! Por ser grande o sofrimento, parece que o tempo não passa e, assim, acredita-se que o sofrimento é eterno. Você não deve mais pensar nisso – disse-lhe Hilda.

– Deve tomar passes, ler o *Evangelho* – falou carinhosamente Maria Luíza. – Vamos fornecer-lhe os locais e os dias de reunião.

– Vou indicar-lhe alguns livros e, ao estudá-los, não pensará mais nisso – esclareceu Toninha. – É preciso orar, pedir a Deus para ajudar a afastar essas idéias de você. Também não deve mais participar da brincadeira do copo nem fazê-la.

– Peguei essa tentação por isso, não foi? – indagou o moço, mais tranqüilo.

– Deve ter sido – esclareceu Toninha. – Nada de bom sai dessa diversão.

– Se quiser presenciar espíritos se comunicarem, vá a sessões espíritas. Não deve você participar desses divertimentos, para não sujeitar-se a influenciações piores – concluiu Hilda.

– Está vendo, Antônio Carlos – disse Mateus –, como essa brincadeira é perigosa? Está a preocupar a todos os espíritas da região!

– Será que ele poderia suicidar-se? – indagou-nos Lúcia.

– Talvez, se a moça desencarnada ficasse muito tempo com ele. Porém, ele sentia-se apavorado e, de algum modo, procuraria ajuda. Estava sendo induzido ou, como os encarnados costumam dizer, "tentado". Mas possuía o livre-arbítrio para atender ou não à sugestão – respondeu Mateus.

– E se ele não procurasse ajuda? – indagou Maria.

– Os fluidos constantes dela fariam com que ele ficasse doente e consultasse médicos, que lhe receitariam remédios. Poderia até perturbar-se e, quem sabe, suicidar-se.

– A culpa dele, nesse caso, é a mesma? – indagou Lúcia, interessada.

– Na espiritualidade, cada caso é um caso, levando-se em conta inclusive a obsessão. De qualquer forma, o suicídio traz graves conseqüências para quem o pratica.

O moço adquiriu vários livros, desejando estudá-los e ir com freqüência tomar passes. Sentindo-se outro, agradeceu e foi para a casa.

Mudando a equipe de trabalho, Maria, Joaquim e Mateus estavam livres. Andávamos tranqüilamente pela bonita e grande praça onde estava armada a barraca da Feira do Livro Espírita.

– Não vá por ali!

Esbarrou em nós, sem nos ver, um desencarnado que seguia uma senhora. E continuou a falar, sem notar-nos:

– Uma Feira do Livro Espírita! Que perigo! Sabe-se lá o que um desses livros poderia fazer se fosse lido. Ela poderia desconfiar que a vampirizo e adeus à minha vingança! Ainda mais se procurar ajuda desses abelhudos espíritas! Vamos pelo outro caminho, e já!

A senhora mudou de rumo, evitando passar perto da Feira.

– Infelizmente – disse Joaquim – muitos encarnados aceitam facilmente a orientação má de desencarnados. Esse irmão que obsedia essa senhora certamente responderia a quem o invocasse por meio do copo. Isto é, diria muitas mentiras. Ele é inteligente e teme a Feira do Livro Espírita por ser um local de socorro e orientação, onde seus organizadores alertariam aquela senhora e poderiam até impedir que ele se vingasse dela.

Na ponta da praça, a barraca era um foco enorme de luz, que descia do alto, irradiando-se e permitindo ser vista de longe. Fazia os maus temerem, dava esperança e socorro aos sofredores e, o mais importante, propiciava oportunidades de aprendizagem, conhecimento e instrução a todos os que dela se aproximavam.

Jovens viciados

Não tínhamos andado muito e, ao atravessarmos a rua, encontramos um grupo de oito jovens. Num instante, prepararam o local como haviam planejado e organizaram a mesa. Colocaram nela as letras do alfabeto recortadas de um papel grosso e também os numerais de zero a nove, todos em círculo, tendo de um lado o monossílabo "sim" e do outro o "não". Puseram um copo de vidro, com a boca para baixo, no centro do círculo. Os jovens rodearam a mesa e três deles apoiaram o dedo indicador da mão direita sobre o copo. Um deles, o que liderava, pediu em voz alta:

– Concentremo-nos para que Anabela e Lael se comuniquem conosco. – E continuou o jovem, com voz pausada: – Anabela, Lael, vocês estão presentes? Podem falar conosco?

– Este jovem que está invocando é Luciano – esclareceu-nos Joaquim. – Está achando sensacional o fenômeno. Tem dezessete anos e não segue religião nenhuma, embora se diga católico, como é sua família. Sendo sensitivo, Luciano permite, com seus fluidos, que desencarnados brinquem com ele. Vejam, aí estão os espíritos que foram invocados: um grupo de arruaceiros. Anabela é esta jovem. Bem, nem tanto, pois desencarnou com vinte e seis anos. Lael é este rapaz loiro. Todos pertencentes ao bando, que eles chamam de "nossa turma". São viciados em droga.

Os integrantes do grupo, sete no total, chegaram em alvoroço, rindo, gargalhando e dizendo gracinhas. Trajavam pouca roupa, predominando as vestes de cor preta e os cabelos despenteados; estavam sujos, cheirando mal; as mocinhas, muito pintadas, usavam colares e brincos. Não nos viram.

– Lael, deixa-me responder em seu lugar? – perguntou um deles, todo enfeitado com grossas correntes prateadas.

– Pode, porque esse Luciano está me cansando, pois a todo momento quer consultas. Idiota! Pagará caro, porque Lael nada faz de graça! Hei, garotos, podem vampirizar à vontade, pois foram eles que nos chamaram.

– Ora, eles não usam drogas, e seus fluidos não são legais! – reclamou uma das jovens.

– Pode esperar que não cansará sua beleza: logo muitos deles estarão nas drogas – disse, confiante, Lael.

Eles rodearam os jovens encarnados e nós ficamos à sua volta. E nós é que respondemos aos jovens encarnados, usando o mesmo processo para formar as palavras:

"Vocês, jovens, deveriam estar estudando, e não brincando com o que desconhecem. Espíritos sérios e bons não perdem seu tempo com essas coisas. Não devem fazer isso! É errado!"

– Que acontece, Lael? – indagou um dos desencarnados do bando, assustado. – Quem está respondendo por nós?

– Não sei. É melhor "dar no pé".

Saíram rapidamente, e os moços ficaram desiludidos. Um deles murmurou um "Que estranho!"

– Acho isso coisa do demônio. Minha mãe viu num filme que era o diabo quem respondia.

– Deixe de ser boba! – exclamou Luciano. – Às vezes, nem Anabela nem Lael podem vir; algum engraçadinho deve ter respondido por eles.

– Se não puderam vir, onde estão? – quis saber uma jovem.

– Eu sei lá! – exclamou Luciano. – Nunca morri para saber!

– Será que é um morto mesmo quem responde?

– Que medo! – exclamou outro jovem.

– Ora, não diga besteira, é um morto mesmo. Você não é eterno! Então, quando morre, continua vivendo. Foi Lael quem disse – falou com convicção Luciano.

Frustrado, Luciano desfez o grupo de jovens e foi embora.

– Luciano não é má pessoa – explicou-nos Joaquim, um dos mentores espirituais. – É curioso, inteligente e era bom filho. Digo era porque esses espíritos viciados já começaram a mudar sua cabeça.

Mateus, preocupado, argumentou:

– Vícios! Como é triste ser escravo de um vício! No corpo físico ou fora dele, estaremos presos ao vício que cultivamos até que, pela nossa própria vontade, possamos vencê-lo. Pessoas cativas das drogas quando encarnadas continuam a se drogar depois de desencarnadas, e quase sempre em piores condições. E tudo fazem para alimentar o vício, vampirizando encarnados e persuadindo-os a se drogarem também. E libertar-se delas não é fácil. É necessária muita ajuda, mas primeiramente é preciso querer a ajuda.

– Vamos tentar ajudar Luciano? – perguntei.

– Sim, porém iremos nos defrontar com seu livre-arbítrio – falou Maria, com piedade. – E, como afastá-lo dos espíritos viciados, se é ele que os invoca? Que fazer com esses irmãos viciados que não querem ser ajudados? Temos em nosso Educandário uma ala enorme destinada a recuperar espíritos de jovens viciados. Mas lá estão só os que querem se libertar das drogas e lutam para isso, o que não é fácil, pois, mesmo tendo todo o apoio, leva tempo para se curarem. E esses integrantes do bando estão longe de querer socorro! Querem usar Luciano como intermediário, pois desejam que ele se vicie para depois vampirizá-lo.

– E, pelo jeito, Luciano prefere-os. Vocês ouviram como ele se referiu a nós, chamando-nos de "engraçadinhos"? – sorriu Joaquim.

Seguimos Luciano e logo encontramos o grupo de jovens desencarnados que o esperavam e o acompanharam. Não nos viram, e só nos perceberiam se quiséssemos, pois nossas vibrações eram diferentes: a nossa era mais suave, rarefeita, e a deles, mais grosseira. Após alguns minutos, sentiram algo diferente, que estranharam e os incomodava!

– A sensação esquisita de novo! Que será? Não vejo ninguém – disse Lael.

– Não sei – falou um outro. – Parecem-me fluidos dos "caretas de branco". Será que Luciano orou?

– Claro que não. Já recomendei a ele que não fizesse isso – disse Lael, que começava a ficar nervoso.

– Todas as vezes que meu avô vem encher-me, querendo que eu mude minha forma de viver, sinto essa sensação – falou uma jovem.

– É melhor "dar no pé" novamente – disse Lael. – Que tal irmos ao bar e farrear? A turma pode estar lá.

– Se não estiverem, é só chamá-los; eles virão como cachorrinhos! Vamos! – exclamou Anabela.

Luciano continuou seu caminho e foi para casa.

– Qual será o bar para onde irão? – indagou Maria.

– Vamos acompanhá-los a distância e depois visitar Luciano – sugeriu Mateus.

Seguimos os jovens do grupo, que foram para um barzinho com aparência discreta. Eles entraram e nós entramos também. Acomodando-nos num canto, ficamos observando.

Alguns encarnados ali estavam; a maioria jovens desocupados. O bando de desencarnados logo se animou.

– É incrível como se afinam! – exclamou Maria.

– Ociosos e desocupados! – exclamou Joaquim. – Não é à toa que os imprudentes dizem que não têm o que fazer, que só arrumam confusão.

Os viciados desencarnados cochicharam algo a seus conhecidos encarnados, ficaram pertinho deles e vimos as drogas surgirem de seus esconderijos. Drogaram-se, usufruindo juntos aqueles efeitos nocivos, e, como diziam, "viajaram" tristemente unidos.

Saímos e Mateus explicou-nos:

– Nem todos os jovens viciados são induzidos por espíritos, embora a companhia desses infelizes não falte. Porém, é fácil adquirir o vício e são muitos os motivos que eles enumeram para se justificar. Os vícios danificam o corpo físico e o corpo perispiritual, e um dia eles terão que dar conta do seu ato ao Criador, que os fez perfeitos. Aprenderão, talvez, a lição num corpo doente, cujos efeitos eles mesmos provocaram por livre escolha!

– Esses espíritos eram viciados quando encarnados? – indagou Maria.

– Sim, mas pode acontecer de um espírito se juntar aos jovens e adquirir o vício. O corpo carnal é uma vestimenta. Quem adquire os vícios somos nós – explicou Joaquim.

– Que acontecerá a esses jovens desencarnados? – quis saber Maria.

– A droga aos poucos arruinará o perispírito deles, tornando-os verdadeiros farrapos, e a dor sábia virá para ensiná-los; pode acontecer de, antes disso, eles se cansarem dessa vida e quererem ajuda – respondeu Mateus.

– Aí deixarão o vício?

– Terão que lutar para vencê-lo – disse Mateus. – Sofrerão duplamente: o vazio da vida fútil e a falta das drogas, porque chegarão a um ponto em que nem forças terão para vampirizar alguém.

Chegamos à casa de Luciano. Não era de nosso costume entrar sem sermos convidados, por isso ficamos por minutos observando-a do lado de fora. Seu lar era confortável, de classe média, e não lhes faltava nada. A família se compunha do pai, da mãe e da irmã menor.

Para nossa surpresa, veio ao nosso encontro, convidando-nos a entrar, o avô desencarnado de Luciano. Apresentou-se alegre, cheio de esperanças:

– Sou Walter, avô paterno de Luciano. Vieram ajudar meu neto?

– Estamos a pesquisar as invocações que estão fazendo com a brincadeira do copo. Vimos Luciano fazer isso e o seguimos. Não sei se poderemos ajudá-lo – explicou Maria.

O senhor Walter sorriu, conduzindo-nos para dentro.

– Por não ver a turma de viciados chegar com meu neto, pensei que ele se livrara deles. Aqui estou de visita, pois me preocupo com ele, mas não consigo ajudar. Ninguém acredita que isso não é brincadeira e, pior, julgam que não necessitam de ajuda. Já tentei conversar com ele durante o sono, porém ele não me atende. Até já respondi por meio do copo, mas ele me repele.

– Já tentou instruir os pais? – indaguei.

– Sim, minha nora pensa que é a força do pensamento de seu filho que faz mover o copo. Acha lindo Luciano ter essa força, e até já pesquisou em livros de psicologia. Considera tudo normal, não crê que os mortos se comuniquem e vê nessa brincadeira algo inocente de jovens, achando que logo Luciano se cansará e deixará disso. Meu filho é que se preocupa mais com o assunto, mas aqui prevalecem as idéias de minha nora.

– Senhor Walter, tente intuir seu filho a aconselhar Luciano. Daremos ajuda – disse Mateus.

Atendendo à nossa sugestão, ele chegou perto do filho, que deixou de ler o jornal por sentir em parte as orientações.

– Luciano, venha cá!

O jovem foi de má vontade e sentou-se perto do pai.

– Filho, você tem estudado? Percebo que anda muito envolvido com essa brincadeira.

– Não é brincadeira. É algo sério – disse Luciano, desafiando-o.

– Não vá muito na conversa de sua mãe. Mesmo que seja a força do seu pensamento, é algo que você desconhece e, por isso, não deve fazer. Deixe de participar desse divertimento!

– Não é nada como a mamãe pensa. Converso mesmo é com os mortos!

A mãe de Luciano entrou na sala e começaram a discutir. Não havia respeito, e um xingava o outro. Luciano agrediu os pais, que lhe aplicaram um castigo. Naquela noite não sairia e ficaria em seu quarto.

Luciano foi para o quarto revoltado e aborrecido. Nós o incentivamos a orar, a pensar em acontecimentos bons. Nada conseguimos, pois isso lhe era desinteressante demais. Lembrou-se dos amigos e pensou em invocá-los.

Tirou da gaveta os objetos necessários, arrumou-os no chão, sentou-se e concentrou-se. Com o pensamento firme, chamou-os pelo nome:

– Anabela! Lael!

Logo que escutamos o alvoroço dos jovens, saímos do quarto e ficamos na área da frente, tornando-nos visíveis para eles.

– Boa noite! – dissemos.

Gargalharam, examinando-nos:

– Quem são vocês? – quis saber Lael.

– Amigos – respondeu Joaquim. – Vocês estão bem?

– Demais, "cara" – respondeu Lael. – Que querem vocês aqui?

– Que deixem Luciano em paz – respondeu Mateus.

Riram de novo, e Lael falou, desafiando-nos:

– Há um engano aí. Quem não nos deixa em paz é ele. Não viemos aqui de abelhudos como vocês. Fomos chamados. Alguém quer a presença de vocês aqui? Quem pediu para que cuidassem de Luciano? Ele?

Nesse ponto Lael tinha razão. Luciano chamava por eles, e não por nós. Sereno, indaguei:

– Por que vivem assim? Arruinaram-se e levam outros a fazer o mesmo?

Lael respondeu, após dar escandalosas gargalhadas:

– Estamos bem cientes do que ocorre conosco, pois o avô deste aqui vive nos enchendo. Mas, enquanto dá, vamos tocando, porque ninguém aqui está a fim de ser certinho nem de largar o viciozinho. Essa vida de aventura nos atrai. Não forçamos ninguém a se drogar; se o fazem, é porque gostam. Somos mesmo todos amigos. E podem parar por aí, porque não vamos responder mais a esse interrogatório. Atendam quem chama por vocês. Ok?

– Vocês sofrem. São escravos do vício – ponderei.

– Corta essa, "cara"! – falou cinicamente Anabela. – Cuidem da vida de vocês que da nossa cuidamos nós. Se sofremos ou não, o que têm vocês com isso?

Tentaram entrar, mas os impedimos e, vendo que não conseguiriam, afastaram-se, rindo e xingando.

– Pena que não podemos levá-los para um tratamento – suspirou Maria.

– Os trabalhadores do Bem não socorrem todos, mas sim os que pedem e os que querem – disse Mateus.

– Sinto por eles, pois vagam vampirizando encarnados viciados e induzem outros a se drogar. Enganam a si mesmos, dizendo que estão bem, e se iludem com uma alegria falsa por meio dessa brincadeira – disse Maria.

Entramos. Luciano, por não ter sido atendido, deitou-se e adormeceu logo. Fizemos com que ele se desligasse do corpo físico. Maria tentou conversar com ele, porém ele não deu lhe atenção e, minutos depois, voltou irritado ao corpo.

Despedimo-nos do senhor Walter e retornamos aos nossos afazeres.

No outro dia à tardinha, reunimo-nos novamente e fomos ver Luciano. Chegara em casa cansado, saturado de fluidos negativos e com dor de cabeça por ter se concentrado demais. Participara de três reuniões, onde o copo andara, respondendo a todas as indagações que fizera.

Deitou-se e ficou a pensar:

"Acho que vou experimentar drogas. Deve ser um barato só. Isso me ajudará a suportar essa vida chata que eu levo".

Tentamos novamente intuí-lo, mas Luciano repeliu todos os bons pensamentos e apelos nossos. Saímos e Joaquim disse:

– Só se ficássemos vinte e quatro horas por dia com Luciano conseguiríamos ajudá-lo; assim mesmo, impediríamos que os desencarnados se comunicassem, mas não que ele os invocasse. Temos, entretanto, nossos afazeres e aqui nem fomos chamados.

– É verdade – disse Maria. – Há muito o que fazer, tanto entre os encarnados como entre os desencarnados, pois os trabalhadores são poucos. A maioria quer ser servida sem pensar em servir, desejando encontrar e usufruir o que está feito, mas nunca fazer. Poucos pensam em ser úteis e, muito menos, servos, como nos pediu Jesus. Na grande Seara do Pai, há muito o que fazer. Não podemos ficar com Luciano, mesmo porque, nessa oportunidade, não temos como ajudá-lo, já que ele nem quer nossa presença.

– É verdade – disse. – Somos nós os intrusos. Lael tem razão em dizer isso, porque são eles os chamados. Não devemos interferir, desrespeitando o livre-arbítrio de Luciano, que no momento quer a eles, e não a nós.

Mateus concluiu, sério:

– Experimentará drogas e fatalmente se tornará um viciado, influenciado pelos desencarnados que ele mesmo chamou.

Deixamos pesarosos a residência do jovem, entendendo, porém, que ali nada podíamos fazer. Mesmo se levássemos todo o grupo de desencarnados e afastássemos dele os jovens viciados, ele novamente os invocaria e outros viriam. E, também, o que fazer com uma turma de arruaceiros que não quer mudar a forma de viver? Como levá-los para um lugar que tem ordem, como as colônias e os postos de socorro?

Fomos pesquisar outro caso.

Conseqüências da brincadeira

Fomos até a casa de Renata, uma jovem de dezesseis anos que se mostrava apavorada. Tentava orar ou então clamava por socorro. Entramos.

Estava na sala, sentada no sofá, sentindo-se fraca. Entretanto, notamos que começava a debilitar-se. Confundia as orações, pois iniciava recitando Ave-Maria e acabava com Pai-Nosso. A causa dessa confusão era um desencarnado que estava sentado na frente dela, impaciente com as orações.

Joaquim aproximou-se da jovem, ficando entre ela e o desencarnado. Renata sentiu-se aliviada por causa dos fluidos bons dele.

– Que ocorre com você, menina? – indagou carinhosamente Joaquim.

Renata sentiu a pergunta do espírito e, parando de orar, pensou no que lhe acontecera.

"Por Deus! Não sei o que está havendo. Desde que participei da brincadeira do copo, na casa da minha prima, na cidade vizinha, encontro-me assim: triste, infeliz, irritada e perseguida. Não durmo mais direito, não tenho sossego para me alimentar, sinto vontade de tomar bebida alcoólica, que detesto. E o pior é que parece que odeio meu namorado, mas sei que o amo muito! Sinto vontade de xingá-lo. Não sei o que fazer..."

Com nossa presença, Renata pôde orar e sentir-se mais calma.

Observamos o desencarnado. Mateus leu o seu mental e nos informou:

– Chama-se Alen, desencarnou com vinte e seis anos, já há um bom tempo, é de nacionalidade alemã e teve seu corpo morto em um acidente de avião. Não é mau, mas aventureiro; é poliglota e fala português, estando há meses no Brasil. Adora viajar e o faz de avião. Sabe que seu corpo morreu, porém isso lhe é indiferente.

Observei Alen. Tinha cabelos castanhos, olhos verde-escuros e barba rala; era magro e alto, e vestia simplesmente calça e camisa de cor cáqui. Olhava Renata com adoração. Não nos via, porque estava muito ligado à matéria e só pelo que fosse material se interessava.

– Que faz aqui? – indagou-lhe Mateus.

Ele respondeu como se a pergunta viesse de si mesmo, como se estivesse pensando.

“Amo-a. É incrível, tantas mulheres conheci e fui apaixonar-me por essa encarnada com quem nenhuma ligação no passado tive. Encontrei-me com ela pela primeira vez há pouco. É tão linda! Amo-a.”

Mateus insistiu:

– Você está desencarnado e ela está encarnada!

“Que importa isso? Perto dela ficarei e ela será só minha. Afastarei quem dela se aproximar, principalmente o namorado, aquele chato. Logo conseguirei que terminem esse relacionamento bobo. Já fiz com que ele caísse da moto. Que belo tombo! Aquela máquina tem equilíbrio frágil, e, por isso, foi um trabalho fácil; não será difícil fazê-lo cair novamente.”

– Ela não o quer. – falou-lhe Mateus.

“Renata aprenderá a amar-me. Só tem um problema: ela tem medo de mim. Quando vou me deitar ao seu lado, ela sente e não quer, indo então dormir com a mãe. Aí eu não vou. Como ficar junto com a sogra? Amo-a tanto, mas ela não entende. Sempre quis uma mulher assim: jovem, bonita, honesta e pura. Ela nunca se casará. Eu não deixarei, porque não quero que ninguém a namore, tenho ciúme. Quando terminar esse namoro, tudo estará resolvido. Quero conservá-la assim: jovem e bonita."

– Como o fará? Ela envelhecerá – continuou Mateus, enquanto Alen pensava, levando-nos a conhecer suas idéias.

"Certo, ela envelhecerá porque está encarnada, porém vai demorar para acontecer isso. Terei que amá-la assim porque não posso tirá-la do corpo. Como faria para que desencarnasse? E, se isso acontecesse, iria querer ficar comigo? Além disso, ninguém desencarna antes da hora, só se for por meio do suicídio. Renata suicidar-se? Não, não seria possível. Não poderia induzi-la porque ela ora e crê em Deus. Também, se conseguir matar-se, vai perturbar-se e sofrer muito, e eu não quero isso. Amo-a!"

– Você já lhe perguntou se quer o tipo de vida que está querendo para ela?

Com a nova pergunta de Mateus, Alen inquietou-se, levantou-se e falou:

– Amo-a e pronto. Se me quer ou não, é outro problema, e problema dela, não meu. Ainda bem que a encontrei entre os jovens que brincavam com o copo. Renata é minha e aprenderá a amar-me. Vou sair um pouco. Estou pensando besteiras.

Ele saiu e Renata suspirou aliviada, levantou-se e foi ao encontro da mãe. Então Maria, nossa companheira de trabalho, falou-nos admirada:

– Imaginem, um desencarnado apaixonar-se por uma encarnada! Poderemos ajudá-la?

– Sim, e vamos fazê-lo – disse. – Aproveitemos que Alen ausentou-se para intuí-la a pedir orientação e auxílio.

Renata foi para a cozinha, onde sua mãe lavava louça:

– Mamãe – disse ela –, tenho que dar um jeito nesse meu medo e nervoso. Sinto muita vontade de brigar com meu namorado. O coitado caiu da moto e não tenho vontade de ir vê-lo. Apavoro-me quando vou dormir, pois sinto que tem alguém na minha cama!

– É bom dar um jeito mesmo, porque seu pai não está achando bom que durma na nossa cama.

A senhora calou-se por momentos e Mateus chegou perto dela, transmitindo-lhe uma intuição, que ela recebeu como um pensamento seu: sentiu que a filha tinha de pedir ajuda a quem entendesse desse assunto. Lembrando-se, então, de uma pessoa, alegrou-se e disse à filha:

– Você não tem uma amiga cujos pais são espíritas e dão passes? Isso que se passa com você pode ser algo que desconhecemos, e eles talvez possam ajudá-la.

– É mesmo, mamãe. Leslie é tão boa e delicada! Vou telefonar-lhe e perguntar se seus pais podem ajudar-me.

Saiu da cozinha pensando em telefonar mais tarde, mas Joaquim insistiu com ela:

– Telefone agora! Agora!

Quanto mais cedo recebesse ajuda, melhor seria.

Renata atendeu à sugestão, discou, conversou com a amiga e, contando parte do que lhe ocorria, foi convidada a ir lá, que estaria sendo esperada.

Com nossa motivação, Renata comunicou-se com a mãe e saiu. Nós a acompanhamos.

Alen estava na esquina e, ao vê-la, correu, ficando perto dela:

– Vai sair? Vou junto, "beleza"!

Joaquim ficou entre eles, e, por isso, Alen não conseguiu saber para onde ela ia nem Renata recebeu influências dele. Ela andou rapidamente e logo chegou à casa da amiga, que a fez entrar.

Foi acolhida por Conceição e Próbio, que a convidaram a se sentar. Diante do olhar carinhoso da dona da casa, Renata começou a chorar e contou o que lhe acontecia.

Alen entrou também e, estranhando, quis sair, mas Lúcio, um dos protetores do casal, segurou-o:

– Fique conosco, senhor – disse-lhe Lúcio. – Nada lhe faremos de mal.

Magnetizado, Alen ficou imóvel ao lado de Renata, sem conseguir influenciá-la. Teve que escutar os conselhos que Conceição dava à mocinha:

– Renata, essa brincadeira do copo é um fenômeno mediúnico, em que se invoca, chama os desencarnados para responderem a perguntas. Desencarnados são mortos do corpo, mortos bem vivos. Nessa brincadeira de que você participou, um dos espíritos presentes passou a acompanhá-la.

– Um morto acompanhando-me, dona Conceição? Na verdade, sinto isso. Será que os senhores podem livrar-me dele? Tenho medo e não quero um morto me acompanhando! Por favor, prometo nunca mais participar nem chegar perto dessa brincadeira maldita!

– Peça a Deus, e peça com humildade e confiança – disse-lhe Próbio. – Peça a Deus por ele também, para que receba a ajuda de que necessita.

– Sim, senhor Próbio, vou pedir, porque nada quero de mal a ele. Afinal, nem sei quem é, nem quero saber. Espero que seja feliz, mas longe de mim. Por Deus, peço-lhes: tirem-no de perto de mim!

– Como sabe que é "ele"? – sorriu Conceição.

– Sinto somente. Acho que não sei...

Conceição o viu e pediu a todos que orassem. Lúcio, com passes, fez Alen adormecer. Em seguida, Próbio e a esposa levantaram-se e deram um passe em Renata, desligando Alen dela. Então, Lúcio pegou Alen, como se ele fosse uma criancinha, e o levou para o centro espírita.

Renata começou a se sentir bem melhor, aliviada, com os fluidos nocivos trocados por passes benéficos. E orou com fé.

– Pronto – disse Conceição. – Ficará melhor.

– Agradeço aos senhores e também à Leslie. Começo a achar que o Espiritismo é algo moderno, e não uma coisa "careta". Sinto-me tão bem! É como se os senhores tivessem tirado de mim um peso, e dos bem pesados.

– Verá como é maravilhoso compreender a Justiça de Deus – falou-lhe Próbio.

Renata agradeceu e voltou tranqüila para a casa, já pensando em arrumar-se e visitar o namorado.

Lúcio regressou, cumprimentou-nos sorrindo, pois já nos conhecíamos da Feira do Livro Espírita, e explicou-nos:

– Levei Alen para o centro espírita que o casal amigo e eu freqüentamos. Ficará dormindo e, na próxima reunião, receberá orientação por meio da incorporação. Será levado, depois, para seu país de origem e lá receberá o aprendizado necessário; por isso, não voltará mais a incomodar a jovem.

– Graças a Deus! – falamos aliviados.

Renata pediu ajuda no lugar certo e a recebeu. Quando suplicamos com fé, recebemos sempre o melhor, o que nos convém no momento.

Dali, fomos visitar outro local, onde estava sendo realizada outra "brincadeira do copo".

Quatro garotas faziam a invocação e uma outra observava, fazendo orações, pois estava com medo. O desencarnado que respondia não gostou nem um pouco de sua vibração, porque a oração o incomodava. Pediu, então, que ela se retirasse, ordenando:

"Marisa deve sair. Ela atrapalha!"

A jovem levantou-se e disse:

– Vou mesmo, e vocês também deveriam parar com isso!

O desencarnado pôs-se a rir alto e a mocinha retirou-se. As outras continuaram e uma delas indagou:

– Vovó Cida? Agora pode responder-me?

"Claro, querida."

Formou a frase letra por letra.

Maria exclamou:

– Veja, Antônio Carlos, ele se passa pela avó da menina!

– Quem mente informa errado até sua individualidade – falou Mateus. – Este desencarnado parece-me mal-intencionado. Vamos ouvir o que ele responde às garotas.

As jovens estavam na casa de Cláudia, e era ela que indagava, permaneciam no quartinho dos fundos. As outras mocinhas eram suas amigas. O desencarnado falou para si mesmo, cuspindo de lado e com raiva:

"Ser convidado a ditar a essas desmioladas no quarto dos fundos... Que humilhação! Odeio os ricos! Vou colocar mais lenha na fogueira da discórdia. Vou levá-los a odiarem-se e a brigarem."

Cláudia perguntou:

– Meus pais me amam?

Gargalhando, o desencarnado foi formando a frase:

"Sinto dizer-lhe, neta querida, mas eles amam só a si mesmos. Ninguém liga para você aqui, somente eu."

Maria falou-nos, indignada:

– Vejam o que este desencarnado está incutindo na mente delas! Que maldade!

Ali ficaram por mais de meia hora, indagando curiosidades. E o desencarnado respondia o que lhe convinha, procurando sempre intrigar um contra o outro.

Dando-se por satisfeitas, encerraram a brincadeira e saíram conversando e trocando idéias sobre as respostas. O desencarnado foi sentar-se, cansado. Sua perna direita estava inchada e toda cheia de feridas. Joaquim aproximou-se dele e inquiriu:

– Que faz aqui?

Ele não nos via, mas sentiu a pergunta como se surgisse em sua mente e pôs-se a pensar:

"Vagava por aí há tempos. Perambulava de um lado para o outro. Sempre fiz isso, desde encarnado. Estava passando na rua, em frente a esta casa, quando escutei chamarem por alguém para responder à "brincadeira do copo". Vim e atendi, fazendo-lhes esse favor. Quando perguntaram quem eu era, fiquei pensando no que responder. Não ia dizer a essas finezas de senhoritas que era Pedro, só Pedro, porque nem sobrenome tenho. Respondi, então, que era a avó...

"Avó? Que avó?" – indagou Cláudia. – "Vó Cida"?

"Bem, elas mesmas acharam o nome e passei a ser 'vó Cida'. Esta casa é chique e bonita; são ricos, metidos e possuem tudo o que eu sempre quis ter. Eles têm demais e aqui fiquei para atormentá-los, porque merecem. São ricos. Odeio os ricos!"

– Por que atormentá-los, se nada lhe fizeram? – indagou novamente Joaquim.

"Nada me fizeram? Se eles pudessem me ver, já teriam me expulsado. Se eu fosse encarnado, já teriam chamado a polícia. Porque são ricos merecem que eu fique aqui e os importune."

– Deve ir embora – insistiu Joaquim.

"Não! Estou bem, pois é a primeira vez que estou num lugar onde fui chamado e bem recebido, e ninguém pediu para eu ir embora. Porém, sou orgulhoso. Quando me tocam, saio."

Escutamos vozes de dentro da casa: eram os encarnados discutindo. Pedro levantou-se, gargalhando, e foi para o local da discussão. Nós o acompanhamos. O casal chegara da rua. Eram os donos da casa e discutiam com Cláudia, que reclamava, chorosa:

– Vocês não me amam, não me querem. Sou sozinha no mundo! Quero morrer!

Por um bom tempo discutiram sem motivos aparentes, entretanto atendiam Pedro que, na discussão, pulava com uma perna só, de um lado para o outro, com raiva, querendo mesmo é que se odiassem.

Quando a discussão terminou, Pedro sentou-se cansado, com a perna doendo terrivelmente. Colocava a culpa de sua dor em outras pessoas; no momento, os culpados eram os proprietários da casa em que estava. Disse, raivoso:

– Se tivesse sido rico, não teria ficado com a perna desse jeito, porque teria dinheiro para cuidar-me; por isso tenho que descontar em alguém esta dor! E estas são as pessoas ideais: ricas e com saúde. E a idiota da mocinha trata-me bem, pois acredita que eu sou a avó dela. Ainda bem que essa avó não está por aqui.

Joaquim tornou-se visível para ele. Pedro examinou-o com indiferença, mas o socorrista falou-lhe de maneira agradável:

– Dói-lhe a perna? Quer curar-se? Se vier comigo, posso ajudá-lo.

– Minha perna dói muito e quero muito sarar. Mas aonde devo ir com você? Logo agora que tenho um lugar para ficar você convida-me a ir não sei aonde? Agora tenho um lar!

– Este lar não lhe pertence e, se continuar a atacá-los, logo esta casa não será mais lar de ninguém. Por que faz isso?

– Cobra meus atos?

– Não, só queria que soubesse que há outras formas de viver, e em bons lugares, sem ser intruso em lares alheios.

– É capaz de curar-me?

– Sim, venha comigo.

– Vou, mas é bom que saiba que sou livre e que só fico lá se quiser.

– Claro!

Joaquim deu-lhe a mão e volitaram. Mateus, Maria e eu limpamos o ambiente da casa e demos passes nos moradores. Maria conversou mentalmente com Cláudia, aconselhando-a a não brincar mais com o copo e a orar com mais freqüência.

Logo depois, Joaquim reuniu-se a nós novamente:

– Levei Pedro ao centro espírita em que trabalho, deixando-o aos cuidados de amigos, que curarão sua perna aos poucos para que fique conosco mais tempo. Tenho esperança de que, em nossa companhia, ao ver nosso trabalho e sentir nossa alegria em servir ao Bem, ele goste e mude de vida.

– Poderá voltar aqui? – indagou Maria.

– Sim, mas esperamos que não o faça – respondeu Joaquim. – Se voltar a vagar, sua perna enfermará novamente. Se as jovens o chamarem, será tentado a voltar; nesse caso, dependerá dele. E, se insistirem com essa brincadeira, mesmo que Pedro não volte, outro, ou outros, poderão atendê-los, e talvez não tenham o auxílio que tiveram agora. Aí, talvez comece uma obsessão que poderá trazer graves conseqüências para todos.

– É chegada a hora de nos despedirmos – suspirou Maria –, porque a Feira do Livro Espírita terminou. A equipe que participa dos trabalhos da Feira vai partir e devemos retornar às nossas tarefas.

Abraçamo-nos, felizes.

A Feira do Livro Espírita é uma bênção para a cidade que a organiza. Muitos livros bons são vendidos, muitas pessoas são orientadas, amizades são fortalecidas e muita ajuda é realizada.

Recordei-me de uma história ocorrida há tempos que, na série de acontecimentos desastrosos, se iniciou com uma diversão: a de invocar espíritos por brincadeira.

Socorro a encarnados

Fui visitar o departamento de socorro da colônia onde resido com a finalidade de conhecer e aprender a ser útil com sabedoria.

Carlos, um velho amigo, recebeu-me:

– Antônio Carlos, é um prazer tê-lo conosco! Venha conhecer nossas equipes de trabalho.

Sempre me encantei com aquele departamento, instalado num edifício lindo, aconchegante e grande, com inúmeras salas, onde trabalham muitos benfeitores. Não conseguia esconder minha alegria.

Primeiramente, visitamos a ala onde se recebe pedidos de desencarnados que vagam pelos Umbrais, na Crosta e nas Furnas. São quase sempre clamores desesperados de socorro. Mas, também, há muitos desencarnados que pedem por seus entes queridos encarnados ou desencarnados, e os pedidos chegam telepaticamente. Dessa ala saem as orientações para as equipes de socorro a desencarnados. E os pedidos são atendidos ou não conforme a necessidade real dos solicitantes, tendo em vista sempre o melhor para eles.

Logo passamos à ala em que chegam os pedidos de socorro, de ajuda, feitos por encarnados. O local é grande e os pedidos são separados por seção. Íamos entrar na primeira sala quando encontramos duas senhoras que, ao cumprimentarem alegremente meu cicerone, foram-me apresentadas:

– Aqui estão duas amigas que estão a nos visitar também. A senhora Antonina, que prefere ser chamada de Toninha, e a Leila.

Continuamos – agora nós quatro – a observar tudo. O movimento era bem maior nesse setor.

– Nessas alas são analisados os pedidos que nos chegam – esclareceu Carlos.

Eram três salas grandes, onde trabalhavam muitas pessoas. Numa delas, a maior, o número de pedidos excedia o das outras.

– São pedidos feitos à Maria, mãe de Jesus – explicou-nos ele. – Nesta outra sala anotam-se os pedidos feitos a Deus e a Jesus e naquela aos espíritos com nome de santo e a pessoas desencarnadas.

– A ala da mãe de Jesus é maior e, nela, há mais pedidos do que há para Deus e para Jesus? – indagou, indignada, Leila.

Carlos sorriu e elucidou:

– São muitos os necessitados que recorrem à Maria, mãe de Jesus. Isso talvez aconteça por causa do culto católico ou porque ela é mulher, mãe. Muitas pessoas julgam Deus muito distante, incomunicável e poderoso. Mas também O temem, julgando-O vingativo, capaz de punir Seus filhos por leves pecados. Não entendem que Deus não castiga, mas que somos, isso sim, donos de nossos atos e que as ações más levam-nos a sofrer sua reação. Longe estão de sentir em Deus o Pai amoroso e justo que está dentro de nós. Pensam outros que, pedindo a Maria, Jesus não irá negar um pedido feito à sua mãe, e, por isso, preferem pedir a ela em vez de ao próprio Jesus.

Uma equipe médica, composta de seis membros, passou por nós. Carlos desejou-lhes êxito, voltou-se para nós e explicou:

– São médicos e enfermeiros que irão à Terra atender a dois pedidos: um foi feito à Nossa Senhora do Carmo por uma senhora que sofre de atrozes dores reumáticas, e eles têm ordem para amenizar suas dores; o outro foi dirigido a São Sebastião também por uma senhora, mãe de um garoto de seis anos que passará por uma cirurgia abdominal de grave risco. Os membros da equipe auxiliarão os médicos encarnados e tudo farão para a recuperação da saúde do menino.

– Como chegam os pedidos? – indagou Toninha, curiosa diante de tantas solicitações que estavam na mesa e seriam estudadas.

– De muitas formas. Nos locais comunitários, dedicados ao culto do Bem, existem trabalhadores que atendem a pedidos comuns, de ajuda simples. As súplicas que necessitam de análise mais profunda são anotadas e enviadas para nós. As solicitações feitas em ambientes privados, a exemplo dos lares, são recebidas telepaticamente por estes trabalhadores que estão sentados em frente às mesas, para anotação.

– Todos os pedidos são anotados? – indagou Leila.

– Os que são feitos com fé, por quem clama por auxílio com confiança, vindos de onde quer que seja, chegam com certeza ao departamento. Quando pedem socorro, em caso de perigo, se o auxílio precisar ser urgente, qualquer trabalhador do Bem que estiver por perto prestará ajuda, atendendo ao caso, se for possível. Os trabalhadores do Bem estão em toda parte, e, para eles, não importa atender em nome de Maria, de santos ou de outros desencarnados. E ainda, amiga Leila, nossos irmãos inferiores também estão pela Terra. Eles, ao contrário, afastam-se quase sempre dos chamamentos do Bem, porém se aproximam quando ouvem blasfêmias, pragas e palavras obscenas. Se os bons tentam ajudar, os maus tudo fazem para agravar as situações, deliciando-se com as discórdias, provocando brigas e incentivando o anedotário baixo. As pessoas entram em sintonia com os bons ou com os maus, conforme sua vibração. Mas os pedidos de ajuda são quase sempre dirigidos aos bons e, se forem feitos com a força da fé, recebem atendimento. Acredito que algumas das solicitações de encarnados são atendidas.

– E pedem muitas coisas? – quis saber Toninha.

– Oh, sim. Recebemos pedidos para tudo, desde para a cura de uma pequena dor até para a de uma doença grave. Recebemos também para encontrar objetos ou comprar coisas, de pais que querem filhos e de filhos abandonados que querem pais. Recebemos realmente muitos. Vejam vocês estes aqui.

Carlos mostrou-nos uma pilha grande de pedidos: todos de adolescentes, para as mais diversas entidades, com o objetivo de serem ajudados nos exames do colégio.

– E são atendidos? – indagou, sorrindo, Leila.

– Acho que terão de estudar mesmo! – sorriu também Carlos. – Porém, algumas solicitações nos chegam com tanta fé que nos impelem a enviar fluidos benéficos ao solicitante, e em alguns casos os membros de nossa equipe de socorro vão até eles e lhes dão passes, para que se acalmem e possam fazer o exame bem-dispostos.

– Promessas? Que seção grande! Por que tem esse nome? – indagou Leila.

– A maioria dos pedidos vem juntamente com promessas. Na Terra, os encarnados estão acostumados a comprar tudo, ou quase tudo, até favores. Por ignorância, agem assim também com as graças. Vejam, amigos, este pedido aqui: uma senhora pede a cura de seu filho a São Jorge; se atendida, acenderá uma vela de seu tamanho para o santo. Aqui chegam, todos os dias, várias promessas, algumas difíceis de serem cumpridas, sendo que muitas não beneficiam ninguém. Em outras, há a intenção de ajudar o próximo, como as que prometem a caridade material. Porém, são raras as que nos chegam como pagamento do benefício de melhora íntima do paciente.

"Aqui, não costumamos observar se cumprem ou não as promessas. Somos felizes por trabalhar e tentamos ser servos úteis, fazendo todo o possível para realizar nossas tarefas, porém os resultados a Deus pertencem. Fazer o Bem condiciona-nos para a bondade, e é maravilhoso ser bom! O que recebemos e nos deixam contentes são os agradecimentos, os quais recebemos em número bem menor que os pedidos. Vejam este: é simples e sincero; vem de uma senhora que manifesta gratidão comovida à Nossa Senhora do Rosário pela graça recebida."

– Carlos, seria prejudicial à pessoa que faz uma promessa receber a graça e não cumpri-la? – indagou Leila.

– A maioria que faz uma promessa mas não a cumpre contrai uma dívida. Nesse caso, os trabalhadores do Bem não são credores, pois a nós ninguém deve. Todavia, temos visto muitos encarnados ansiosos por pagarem promessas e desencarnados sofrerem com o pensamento fixo na promessa não cumprida. Mas, se não somos credores, outros consideram-se como tais. Conhecemos casos de promessas feitas às almas do purgatório, ou melhor, aos espíritos que vagam, promessas que alguém fez ou que outros fizeram em nome desse alguém, e elas costumam ser cobradas por esses espíritos, que exigem o seu cumprimento. Há também os pedidos feitos diretamente a espíritos, como acontece em certos terreiros; depois que os atendem, esses espíritos exigem que se cumpram as promessas. Quando a Terra estiver mais adiantada em progresso, as promessas irão desaparecer. E, para as graças recebidas, haverá o sincero agradecimento ao Pai Misericordioso.

– São muitos os pedidos atendidos? – perguntei.

– A porcentagem não é grande, porque muitos são considerados impossíveis. A maioria deles é vinculada a coisas materiais, e são em número pequeno os formulados para a melhora verdadeira, a espiritual. Há uma grande quantidade de pedidos para tornar-se rico. Muitos até mencionam, junto ao pedido, que irão fazer expressivas contribuições aos semelhantes com a riqueza. Entendemos que a caridade material é o calor da fraternidade, porém existem muitas formas de fazê-la sem ser por meio do dinheiro. Nenhuma dessas pessoas que pedem se comportam assim, e se esquecem da caridade do consolo, da boa orientação, de ser paciente, de visitar pessoas solitárias e enfermas. Não me admiraria se uma dessas pessoas, se fosse atendida, esquecesse a promessa logo após ficar rica ou fizesse a caridade a si própria em primeiro lugar. Vejam, amigos, estes outros pedidos: uns querem que chova, e outros, que faça sol em determinados dias; certamente, não é nossa tarefa intervir nos fenômenos naturais para o prazer das pessoas. Estes outros pedidos são para a vitória de equipes esportivas e para o time preferido ser campeão. Há muitas solicitações para encontrar objetos perdidos e de moças que querem se casar. Esta outra solicitação é de um homem que, infelizmente, pede a Santo Antônio para ficar viúvo. Por isso, caros amigos, todos as súplicas que nos chegam, feitas efetivamente com fé e perseverança, são analisadas, separadas, e nossas equipes vão e fazem as visitas devidas. Se dirigidas para o Bem e viáveis, elas são atendidas prontamente.

– Para o Bem? – estranhou Toninha.

– Sim – esclareceu Carlos bondosamente –, se forem para o Bem do solicitante ou para o de quem ele pede. Vejam estes como exemplos: a mãe pede a cura do filho paralítico; analisado o caso, a mãe quer a cura do filho, mas ele não; o jovem não quer sarar, porque seu espírito quer passar por essa prova, que foi escolhida antes de ele reencarnar. Este outro, feito por um homem e dirigido à Virgem Maria, pede a cura para sua dor de estômago; analisado, ele tem essa dor por fumar demais, porém quer sarar sem deixar o vício; se o atendermos, ele se atolará ainda mais no vício, piorando sua situação futura. Observe este, é de um moço de vinte e três anos de idade que pede diretamente a nós, trabalhadores do Bem, para que o ajudemos a encontrar um trabalho em que trabalhe pouco mas ganhe muito; isso seria nocivo para ele, porque, nesse emprego, ele alimentaria a luxúria e a preguiça, já tão fortes em seu espírito.

"Temos aqui também o pedido dos pais de um garoto de dois anos que foi raptado. Analisado o caso, foi o casal unido para um aprendizado por meio da dor, para cumprir um resgate do passado. Foram eles, noutra existência, feitores que castigavam escravos, vendendo seus filhos, separando-os dos pais. O garotinho está em outro país e dificilmente o terão de volta. As dores deles são ecos daquilo que semearam."

– Por isso é que os pedidos devem ser analisados? – interrogou Toninha, concluindo.

– Sim, porque todo o bem deve ser realizado com sabedoria e do melhor modo possível. Muitos casos, porém, que estudamos são simples de serem atendidos. A exemplo deste, em que uma senhora pedia que a filhinha de três anos parasse de cair. Verificamos que a menina possuía um problema na visão e intuímos a mãe para que a levasse ao oftalmologista; agora, com óculos, ela não se machuca mais.

– Noto, Carlos, que as mulheres é que fazem mais pedidos – falou Leila.

– É verdade, a mulher é mais sensível, mais do que o homem, pois a maioria delas está sempre a cuidar, a ajudar. Quase sempre ela é mais humilde e, por isso, pede mais, ora mais.

– Vocês recebem também pedidos para o encaminhamento de alguém recém-desencarnado? – quis saber.

– Vários são os pedidos que recebemos nesse sentido. Alguns deles podemos atender, porém outros, infelizmente, não, pois seria como dar um copo de água para alguém que não quer tomá-lo. Pedem socorro para quem não está querendo ser socorrido.

Tendo que se ausentar por momentos, Carlos deixou-nos à vontade, aconselhando que observássemos mesmo os trabalhadores e analisássemos a tarefa junto deles.

Andei por entre as mesas, observando tudo, e numa delas estava escrito: "Pedidos que não podem ser atendidos". Parei. Num canto, estavam dois pedidos unidos. Examinei-os: um deles era de um homem que se dirigia ao Espírito André Luiz para que sua esposa se convertesse à Doutrina Espírita. O outro era da esposa à Nossa Senhora Aparecida, pedindo para que o esposo se tornasse católico. O resultado da análise foi: ambos não seriam atendidos, pois nenhum deles tinha a real compreensão de religião para aceitar a doutrina do outro. Foram intuídos para se amarem e se respeitarem e para aceitarem Deus como Pai de todos, que não separa os filhos por suas crenças.

Outro pedido que me chamou a atenção foi o de uma esposa que suplicava a cura do marido. Analisado, constatou-se uma obsessão: o desencarnado e o encarnado foram e continuavam sendo inimigos ferozes. Indicou-se a intuição aos familiares encarnados do doente para procurarem ajuda em centros espíritas, mas eles não aceitaram a sugestão por não acreditarem no Espiritismo. Novamente foram ajudados, no sentido de perdoarem, mas também não aceitaram, porque para os encarnados o sofrimento era injusto, e quem o causava, indigno de perdão.

Em seguida, estava uma promessa à Nossa Senhora de Lourdes feita por um pai que pedia uma graça para evitar que o filho de vinte e seis anos se casasse, porque julgava a moça má; analisado o caso, concluiu-se que os dois estavam ligados por outras encarnações e deveriam unir-se nesta, para reajuste. Esse pai recebeu somente o consolo, e foi pedido a ele que aceitasse a nora como filha e ajudasse o casal com bons conselhos.

– Amigos, por favor! – voltou Carlos, dirigindo-se a nós. – Estamos analisando um caso deveras interessante e convido-os a participar. Aceitam? Acompanhem-me.

Seguimos nosso instrutor, agradecidos.

A Casa do Jardim Torto

Seguimos Carlos até uma saleta agradável, onde o esperavam os membros de uma equipe de socorro. Apresentou-nos. Eram Cibeli, Fabiano e Mauro.

– Amigos – disse Carlos –, estamos reunidos para atender a um pedido incomum. O pedido veio diretamente a nós, ou quase...

"Marta pede aos bons espíritos ou aos 'santos de Deus' que a atendam. Clama por socorro para uma sobrinha que vive nos arredores de uma pequena cidade, não longe da metrópole em que a tia reside.

O pedido é para que socorramos Nely, não especificando em quê. Fabiano e Mauro foram até a menina e verificaram que ela realmente necessita de ajuda. Por favor, Fabiano, conte-nos o que viu."

Fabiano aparentava ser o mais jovem da equipe. Muito bonito, era loiro de olhos azuis e tinha traços firmes e bem pronunciados. Ele fez a narração a seguir:

– Marta não se encontra com a sobrinha Nely no momento. A menina é órfã e mora numa chácara com três empregados. Está debilitada fisicamente, age estranhamente e ainda uma pequena, mas perigosa falange de espíritos a obseda.

– Vamos ajudá-la – completou Carlos. – Para isso, convido vocês, Toninha, Leila e Antônio Carlos, a acompanhar-nos. Pesquisaremos o que de fato acontece e tudo faremos para ajudar a menina Nely. Aceitam o convite?

– Sim! – respondemos os três juntos. – Com prazer!

– Dentro de uma hora partiremos, por isso estejam na sala da recepção, de onde sairemos.

Continuamos ainda por algum tempo no departamento e visitamos o belíssimo jardim que o circundava. Entretanto, estávamos ansiosos por conhecer os fatos que induziam uma falange de espíritos inferiores a obsedar uma menina.

Na hora marcada, reunimo-nos os sete na recepção e partimos em seguida, volitando em direção à Terra.

Nos arredores da pequena cidade, descemos no jardim de uma chácara.

A propriedade não tinha grande dimensão e estava descuidada, com aparência mesmo de abandono. A estreita estrada que levava à propriedade era de terra e, na parte da chácara que dava para a estrada, havia muros altos, com um portão de ferro na entrada. A casa ficava no meio do jardim, onde outrora havia flores, mas no momento só se viam muitas ervas daninhas e pequenos arbustos. Porém, o que chamava mais a atenção era seu paisagismo, com os canteiros tortos, formando estranhas figuras geométricas, e, nos canteiros maiores, estatuetas de gesso, de anões e duendes, constituindo figuras feias, já gastas e sujas, que completavam a estranha decoração do jardim. Não era à toa que conheciam a propriedade como Chácara do Jardim Torto.

– Ninguém deve cuidar deste jardim. Que pena! – disse Leila.

A casa, um sobrado, era grande e com muitos cômodos. Pareceu-nos conservada, embora notássemos que fora pintada há tempos.

Atrás da casa, uma pequena horta de verduras e uma plantação descuidada de milho, que crescia junto com o mato. Havia também um grande galinheiro com muitas aves – e logo observamos que a maioria era de cor negra –, um chiqueiro com alguns porcos e um pequeno curral com poucos cabritos.

Nesse instante, ouvimos um barulho de carro. Aproximamo-nos e vimos no volante um homem de aproximadamente trinta e cinco anos, de aspecto desagradável, e pudemos notar que era viciado em bebida alcoólica. Cinco desencarnados, com o mesmo aspecto do motorista, estavam no carro. Saindo da casa, em correria, entrou no carro uma menina.

– Esta é Nely – mostrou-nos Fabiano.

– Não parece ter doze anos! – exclamou Toninha.

Nely era pequena para sua idade. De compleição magra e cabelos castanhos avermelhados, crespos, bem curtos, ela trajava uniforme de escola. Depois de ela entrar no carro, eles partiram. Um senhor abriu o portão, fechando-o logo que o carro passou.

– Este senhor é o João – elucidou-nos Mauro. – São três os empregados da casa. João, que cuida dos animais e da horta; a senhora Germana, ou dona Gema, sua esposa, que cuida da cozinha e da limpeza da casa, e seu filho José, o motorista que vimos.

Um estranho grupo de espíritos, que conversavam distraídos, saiu da casa e passou por nós sem nos ver. Um deles falou para uma das mulheres do grupo:

– Honória, fique com Ana no jardim. Deixe-a tomar sol.

– Sol? Oh, "cara", pensa que ela é encarnada? – riu um outro espírito, que se aquietou logo, por causa do olhar firme e autoritário daquele que dera a ordem.

Honória, a que recebeu a ordem, possuía fisionomia de idosa, aparentando ser a mais velha do grupo. Ela pegou pela mão uma mulher, que julgamos ser Ana, e sentaram-se no jardim.

Os outros volitaram.

– Que chato! – resmungou Honória, baixinho. – Fazer companhia a esta idiota, que nem sabe conversar!

Ana estava enferma e pudemos verificar que era recém-desencarnada. Mostrava-se magra e abatida, com olhar sem expressão, pois estava perturbada.

– Deve haver um desencarnado dentro da casa, pois constatamos dez em nossa visita anterior e vimos até agora só nove – disse Fabiano.

– Entremos para conhecer a casa, amigos – disse Carlos. – Vamos tentar compreender o porquê de estarem aqui reunidos tantos desencarnados trevosos.

Logo que entramos, escutamos resmungos vindos da cozinha e para lá nos dirigimos.

– Esta é dona Gema – explicou-nos Mauro.

A senhora Germana, de cabelos quase todos brancos, deveria ter quase sessenta anos e estava insatisfeita e irritada, porém não nos admiramos, pois um desencarnado do grupo vigiava-a, aborrecido.

– Pelo que vimos – elucidou Mauro –, sempre fica um deles com dona Gema, a vigiá-la, impedindo-a de orar.

– E consegue impedi-la? – indagou Toninha.

Carlos respondeu:

– Ninguém consegue impedir outrem de orar, mas pode, isso sim, distrair a pessoa, dificultar sua concentração. Observe, Toninha, que o desencarnado está irritando-a, para dificultar seu trabalho diário, e tudo faz para que ela não tenha vontade de orar. Sabem que a oração poderá ser acompanhada de um pedido de socorro, e os desencarnados aqui não querem espíritos bons por perto.

Dona Gema limpava a cozinha e preparava o almoço. Numa bacia sobre a pia estava um grande pedaço de carne que ia utilizar. Escutamos seu resmungo:

– A menina Nely só quer comer carne, e quase crua; nada de verduras, frutas ou leite. Faço arroz, feijão e carne todos os dias, no almoço e no jantar, porém a menina só come carne! Meu Deus!

Dona Gema deu um suspiro e, ao pronunciar "Meu Deus!", o desencarnado deu-lhe um tremendo tapa na cabeça. Ela sentiu uma pontada de dor e exclamou:

– Ai! Que acontece? Nem esse nome eu posso dizer? O João acha que é impressão minha, entretanto recomenda que eu não diga esse nome, porque, todas as vezes que o pronuncio, dói minha cabeça.

O desencarnado, cínico, sorrindo, disse alto:

– Não é para dizer mesmo! Se repetir, repito a dose, bato mesmo, velha imbecil. Só não acabo com você porque Raquek não quer, porque você é útil na cozinha!

Falou isso ameaçando-a com a mão. Fabiano tentou protegê-la, mas Carlos o impediu:

– Logo mais, Fabiano, a ajudaremos. Devemos primeiramente conhecer os fatos, estudar os acontecimentos, e então agir com sabedoria. Por enquanto, não devem desconfiar de nossa presença aqui. Vamos conhecer a casa toda.

Todos os cômodos eram grandes; estavam desarrumados e não muito limpos. As janelas fechadas davam a impressão de que não era de costume abri-las. Não havia muitos enfeites. No térreo situavam-se as salas e a cozinha, e no andar de cima, os quartos e os banheiros. Só dois quartos estavam destrancados, os outros, fechados, talvez por não serem usados. Um deles pertencia à Nely, e nele nada nos chamou a atenção. Havia um armário com poucas roupas, uma cama, uma cômoda e uma escrivaninha com alguns livros e cadernos escolares, indicando que ela cursava a quinta série e estava com notas péssimas.

O outro quarto chamou-nos a atenção:

– Parece um quarto para pintura e outros trabalhos manuais! – disse Leila.

– Sim, mas não é de Nely. Era a saleta de trabalho de sua mãe, Noemy – explicou Fabiano.

Era o aposento mais limpo da casa: uma saleta que deveria ter sido um local agradável outrora onde se viam telas pintadas, a maioria de natureza morta, estando inacabada a do cavalete, e uma mesinha com pincéis e tintas. Ao lado do sofá, uma cesta de vime com agulhas, linhas e toalhas para bordar.

– Nely é órfã de pai e mãe? – indagou Cibeli.

– Sim, sua mãe desencarnou há dois anos e meio, e seu pai, há sete meses – esclareceu Mauro.

– Seus pais estão entre os desencarnados que vimos? – indaguei.

– Não, não se encontram por aqui – respondeu Carlos. – Vamos, agora, descer ao porão.

A casa estava saturada de fluidos pesados, nocivos, que nos inquietavam; mantínhamos o equilíbrio com orações e bons pensamentos.

A escada que ligava o andar térreo ao superior da casa era larga e revestida por um tapete vermelho, sujo e gasto, e possuía um bonito corrimão de madeira trabalhada. Porém, a escada que levava ao porão era estreita e com degraus altos. E o porão era um salão somente.

– Que interessante! – exclamou Leila.

Tinha razão, pois o lugar, se olhado por encarnados, nada tinha de especial: apenas alguns armários com poucos objetos, uma mesa grande, algumas cadeiras velhas, quadros pelo chão e utensílios velhos.

Porém, visto do plano astral, ali estava montado um grande laboratório de alquimia, com muitos tubos com líquidos, potes com ervas, objetos profanos, instrumentos de tortura e livros de magia negra.

– Que objetos estranhos! – exclamou Cibeli.

– São objetos de um mestre do mal; talvez sejam pertences do chefe do bando.

– Vejam isto, amigos! – mostrou-nos Toninha.

Num canto do salão, jogado no chão, um objeto físico, um quadrado feito de madeira fina. Em um dos lados, estavam pintados, com tinta preta, o alfabeto e os numerais de zero a nove.

O estranho tablado [1] estava impregnado de forte fluido nocivo.

Carlos concentrou-se por instantes no objeto e explicou-nos:

– Esses desencarnados estão aqui porque foram chamados, invocados. – Diante do nosso assombro, ele continuou: – Sim, foram invocados talvez por brincadeira ou diversão para responderem a indagações. Para isso, usou-se o tablado. Unindo a força mental do encarnado que indaga e os fluidos dos espíritos, consegue-se movimentar esta seta, esta aí que está no chão, para formar palavras e frases, completando um intercâmbio entre eles, encarnados e desencarnados.

– Quem os invocaria? Nely? – indagou Cibeli.

– Sim, a menina – respondeu, triste, Carlos. – Nely não o fez por maldade, porém, quando mudou para esta casa, encontrou o tablado no porão e interessou-se, julgando ser uma brincadeira. Agindo dessa

1 – Tablado: nome dado naquela região a um pedaço de madeira, pintado, usado para essas invocações perigosas. Essa mesma denominação usaremos no decorrer da história. (Nota do Autor Espiritual.)

mesma forma, em muitos lugares, há pessoas que julgam isso uma simples brincadeira, mas isso representa algo sério, e tem levado a conseqüências trágicas muitos que dela participam. Invocam espíritos leviamente, usando até orações ao iniciar. Entretanto, as orações apenas nos lábios não espantam nossos irmãos inferiores, que as toleram apenas no começo dessa pretensa diversão, mas, logo que adquirem confiança, mandam parar com isso.

Observando o tablado, Carlos continuou:

– Este tablado tem sua história.

O tablado

"A família que residia anteriormente nesta chácara era feliz. Tudo era diferente, bonito, alegre e bem cuidado. O casal tinha seis filhos, estando o mais velho com dezesseis anos na época em que tudo começou a mudar. Foi ele que ouviu dizer, na escola, que pessoas bem-dotadas mentalmente tinham força para fazer andar objetos com a ajuda dos mortos, que podiam, inclusive, responder a qualquer indagação. Curioso, resolveu tentar, construindo, ele mesmo, este tablado e pintando-o devidamente. Depois, juntamente com dois irmãos mais jovens, iniciou a comunicação.

"A família dizia ter uma determinada religião, mas não a seguia nem possuía o abençoado costume de orar. Com eles morava, há muito tempo, Narcisa, a empregada. Ela era vigiada por alguns desencarnados que esperavam o momento adequado para se vingarem dela, porque, em encarnação anterior, fora ela um feitor branco muito mau. Os sete negros que a rodeavam não a tinham perdoado e acabaram por encontrá-la nas vestes de uma negra pobre, órfã e empregada de brancos.

"Os meninos viam no tablado um brinquedo interessante. Concentravam-se e invocavam um desencarnado. Diziam 'qualquer alma do outro mundo', 'um morto', pois para eles não fazia diferença. Assim invocavam:

"'Qualquer um que aqui esteja, venha atender-nos!'

"Os negros observavam os meninos, curiosos, e sentiam-se invocados. O mais inteligente deles, o líder, de nome João, passou a responder aos garotos e cognominou-se de Pai-João.

"Pai-João e, conseqüentemente, os outros seis companheiros passaram a sentir-se à vontade na casa e, porque eram chamados e tratados com consideração, até simpatizavam-se com os meninos, pois para eles tudo era válido, desde que realizassem sua vingança. A primeira recomendação feita aos garotos foi para esconderem dos pais a brincadeira do tablado, e eles assim o fizeram.

"Léa, outra empregada, descobriu o brinquedo, e os meninos convidaram-na para participar, contanto que guardasse segredo. Tornaram-se assim, quatro encarnados e sete negros, ex-escravos revoltosos, um grupo a realizar o intercâmbio mediúnico.

"Os desencarnados passaram a fazer favores aos garotos e também à Léa, contando parte de sua vida quando estavam encarnados para assim ganharem a confiança deles, e, aos poucos, foram fazendo os quatro odiarem Narcisa.

"Pai-João falou que o pai dos meninos era amante de Narcisa, e eles acreditaram piamente, passando a tratar a empregada negra com rancor, e assim também o pai. De adolescentes dóceis, eles tornaram-se revoltados, sendo compreendidos somente pelo suposto amigo Pai-João. Narcisa sentia-se triste e magoada com o tratamento que passou a receber dos jovens, e isso fez com que seus pensamentos baixassem a vibração. Seus inimigos, então, puderam influenciá-la e começaram a obsedá-la, dando-lhe a sugestão de que deveria suicidar-se.

"Faziam ao seu antigo feitor, na pessoa de Narcisa, o que ele lhes fizera. Diziam-lhe sempre:

"'Deve matar-se. Nada é pior do que ser negro! Pessoas de cor não merecem viver! Não seja covarde, suicide-se, mate-se, negra imunda!'

"Os meninos acabaram contando à mãe que o pai era amante de Narcisa, porém não contaram a ela como souberam, e então a mãe deduziu que eles haviam visto. Por isso, o casal desentendeu-se e o lar, antes sossegado, tornou-se um caos. Todos souberam da calúnia e acusavam Narcisa, que foi expulsa da casa pela senhora.

"Narcisa desesperou-se. Sentindo que ninguém acreditava nela e não tendo para onde ir, saiu correndo da casa, atravessou as plantações, entrou nas terras vizinhas onde havia um grande reservatório de água e, atendendo aos chamamentos dos desencarnados, suicidou-se.

"A tragédia abalou todos. O pai dos garotos não se conformava por ter sido difamado, e a esposa, por ter sido traída. Os negócios começaram a ir de mal a pior e o senhor faliu. Por isso, venderam a chácara e mudaram-se.

"Os negros, após o suicídio de Narcisa, sentiram-se vingados e, vendo-a sofrer desesperada pelo ato que cometera, desinteressaram-se dela. Resolveram, assim, mudar com a família, porque se julgavam amigos dos garotos, considerando certo tudo o que fizeram. Os meninos, porém, desiludiram-se da brincadeira com os espíritos; ficaram chateados com a mudança e com as brigas dos pais e por isso não quiseram levar o tablado, deixando-o aqui, no porão.

"A família foi morar em uma outra cidade, onde residia uma irmã da mãe dos garotos, que era espírita e médium. Logo que ela os viu, percebeu também os negros, e explicou-lhes o fato, convidando-os a ir ao centro espírita que freqüentava. O casal, achando que deveria mesmo ter algo que os atrapalhava, foi a uma sessão de desobsessão; os mentores da casa levaram os negros, orientando-os por meio de incorporações, e eles contaram toda a história.

"O casal pasmou com a afirmação dos filhos sobre o tablado, reconheceu o perigo a que ficaram expostos e reconciliou-se; tornaram-se espíritas. Hoje estão bem."

– Como soube disso tudo? – disse Cibeli.

– O dirigente espiritual desse centro espírita é meu amigo e já havia comentado o fato comigo. Ao pegar o endereço desta chácara, achei que poderia ser a mesma e fui confirmar com ele: realmente era.

– E Narcisa? Sabe dela? – perguntou Leila.

– Foi socorrida pelos antigos obsessores, então já doutrinados, e pelos trabalhadores espirituais. Vagava desesperada perto de onde se suicidara, e atualmente se recupera em um local de socorro apropriado para os que tiram a vida física por meio do suicídio.

Continuando, sempre tranqüilo, Carlos, após uma pequena pausa, aduziu:

– Um agiota da região comprou a chácara para revender, porém, por causa dos comentários sobre o suicídio de Narcisa e a infelicidade do casal, as pessoas supersticiosas da redondeza não se interessaram em adquiri-la, ficando por muito tempo fechada.

– Carlos – indagou Toninha –, locais de acontecimentos trágicos podem vir a prejudicar outras pessoas, futuros moradores?

– Dependendo de muitos fatos, os locais de fluidos pesados podem prejudicar, se esses fluidos não forem eliminados e trocados por outros benéficos. Também podem estar no local moradores desencarnados e, se os futuros moradores não souberem conduzi-los, orientá-los, pode se estabelecer uma obsessão. Tudo o que ocorre fica registrado no plano espiritual e pode transformar-se em más influências às pessoas. Há sensitivos que conseguem ver o ocorrido por meio da Psicometria.

"Tempos depois, o agiota colocou um anúncio de venda num jornal da capital e convenceu Noel Leocádio, pai de Nely, a se interessar e a comprar o imóvel. Foi mais precisamente Noemy, mãe da jovem, quem quis vir para o interior, na tentativa de salvar seu casamento. Noel e Noemy não se entendiam porque ele era mulherengo, jogador, e ela achou que no interior o marido poderia se interessar pela terra e vir a ser um bom esposo. Havia também interesse que a filha crescesse numa cidade pequena. Assim, tentando recomeçar, compraram a Chácara do Jardim Torto e se mudaram.

"Todos gostaram do lugar, principalmente Nely. Contrataram empregados, entre eles Léa, a moça que trabalhava com os antigos donos e participava da brincadeira do tablado.

"O casal continuou a brigar e Nely vivia isolada. Por isso, interessou-se pelo tablado logo que o achou no porão. Por não saber como manuseá-lo, indagou os empregados, e Léa a ensinou.

"Fez tudo como Léa falara, inclusive invocou o Pai-João. Nely não desistia, embora sem resultados. Certo dia Raquek, espírito que vagava e passava pelas redondezas, ouviu a invocação, aproximou-se e, como não houvesse ninguém para impedir sua entrada, resolveu por curiosidade responder à menina. Assim, amigos, uma invocação sem conhecimento do assunto, por brincadeira, deu início ao que vimos. Raquek procurava um local para levar Ana, que estava prestes a desencarnar, porque não queria que ela ficasse no umbral depois da morte do corpo físico. Achou aquele local ideal, com uma família sem religião, vibrando mal, e com um detalhe a seu favor: fora chamado e convidado por Nely a permanecer e a responder sempre a ela. Raquek, atualmente, obseda Nely, que nada faz sem seu consentimento."

– Mas agora o tablado parece-me abandonado! – disse Leila.

– Sim, está. No início, o obsessor e a jovem conversavam por meio do tablado. Sabemos, porém, que o tablado é um objeto neutro, pois são as mentes, os espíritos, que se comunicam, e Raquek sabe disso. No momento, ele comunica-se com Nely por telepatia, e ela o vê e o sente, além de conversar com ele normalmente.

– E Léa? Onde está? Não trabalha mais na casa? – perguntou Toninha.

– Trabalhou pouco tempo aqui. Foi dispensada por não ser uma boa empregada.

– Nely também chama Raquek de Pai-João? – perguntei.

– Não, logo ele identificou-se, dando o nome certo – respondeu Carlos bondosamente diante do nosso interesse.

– Nely escondeu também o tablado dos pais? – indagou Mauro.

– Não. Chegou até a fazer a seta andar para os pais verem. O pai ficou indiferente, como sempre fazia diante dos acontecimentos do lar. Para ele, se aquele brinquedo fazia a menina aquietar-se, deveria ser bom. A mãe achou lindo o fato de a filha, com dez anos na época, saber concentrar-se, ter poderes mentais a ponto de mexer sozinha e com habilidade a seta, formando frases inteligentes e rápidas. O companheiro espiritual que ela dizia ter e que a atendia com o nome exótico de Raquek era tudo uma invenção da mente privilegiada de sua filha bem-dotada. Sentia-se orgulhosa ao vê-la encontrar objetos perdidos, responder às perguntas dos empregados por meio da concentração sobre o tablado. Sei disso, amigos, porque pesquisei sobre a antiga família e sobre como teria começado essa estranha obsessão ou possessão, e também lendo a projeção astral do tablado. Mas, para ajudar, teremos que saber mais, muito mais. Entretanto, é hora de sairmos daqui.

Sentimo-nos aliviados ao sair do porão. Fomos para o jardim. Honória e Ana continuavam sentadas no banco, sendo que uma sentia-se entediada e a outra estava passiva, alheia.

– Vamos fazer deste local um ponto de encontro – disse-nos Carlos.

O local escolhido situava-se entre dois canteiros grandes, perto do muro que dava para a estrada, no canto direito do jardim.

– Repartiremos as tarefas. Vamos colher informações para começar a agir – incentivou-nos Carlos carinhosamente, a sorrir.

Concordamos e Carlos determinou:

– Cada um de nós fará uma pesquisa ou trabalho. Leila, você ficará encarregada de obter informações sobre Noel Leocádio, pai de Nely. Cibeli, procure saber de Noemy: onde está, como desencarnou etc. Toninha, informe-se sobre Raquek e, conseqüentemente, sobre Ana. Mauro fará a parte mais perigosa: tentará obter informações sobre o dono do laboratório que vimos no porão; procure saber se algum dos socorristas sabe quem é ele e por que está aqui. Estarei no departamento; procurem-me se houver necessidade. Tentarei saber de Nely, de suas encarnações anteriores, para que possamos entendê-la e ajudá-la. Antônio Carlos e Fabiano, vocês ficarão aqui observando e anotando os acontecimentos, mas sem interferir. Espero, amigos, que, até à noite, nos reunamos novamente para elaborar nosso plano de ação. Boa sorte!

Rapidamente volitaram, ficando Fabiano e eu.

Fabiano

Sentamo-nos num dos bancos do jardim, de onde podíamos observar toda a casa. A senhora Gema continuava na cozinha com seu vigia, enquanto Honória e Ana permaneciam no jardim.

Observava Fabiano quando notei que ele pensava em algo que o inquietava.

– Fabiano, conhecemo-nos há poucas horas e sinto-o muito amigo, porém o noto preocupado. Posso ajudá-lo? Ficaremos horas aqui, talvez só observando, por isso poderíamos ocupar o tempo conversando.

Não quero ser indiscreto, entretanto, se quiser repartir suas atribulações, diga-me.

– Obrigado. Se tiver paciência para me ouvir, Antônio Carlos... Saiba que me preocupo é com a repetição.

– Repetição?!? – estranhei.

– Devo, amigo, reencarnar logo. Estou há tempos desencarnado, há quinze anos, e dedico-me ao estudo, ao trabalho, preparando-me, mas temo a reencarnação e a repetição. Explicarei melhor. Muitas vezes já encarnei; quantas eu não sei. Vestir um corpo carnal é passar por difíceis provas; na Terra, nesta época de transformação, as responsabilidades são muitas, e receio, como tantos outros, falhar.

– É verdade, nossa Terra está atualmente saturada de vibrações tensas, materialistas e destrutivas, está descendo cada vez mais ao fundo do poço, ao domínio da matéria. E as responsabilidades de cada um de nós, cristãos no trabalho do Bem, são muitas. Fabiano, você tem necessidade de reencarnar agora? Se não está seguro, não é melhor adiar, aguardar mais tempo?

– Tempo? Já tive bastante! Anseio por reencarnar, só que tenho medo de fazê-lo. Já ouviu, amigo, a história do aluno que passa em muitas matérias, menos em uma que o obriga a repetir o ano? Acontece assim comigo. Pedi para reencarnar e tudo fazer para resolver a questão dessa vez; para isso, tenho trabalhado, estudado e pesquisado a matéria que me retém, tanto é que aqui estou a participar deste socorro.

Fabiano calou-se por momentos; olhei-o e procurei transmitir-lhe conforto e coragem. Olhou-me agradecido e exclamou:

– É a mediunidade que temo!

Calamo-nos novamente. Mediunidade, graça para distribuir de graça e por graça. Lembrei-me de alguns médiuns que conhecia e de tantas histórias reais que ouvira, de vitórias e fracassos. É realmente uma grande prova. A mediunidade é para mim como um bisturi que, se bem usado, cura e extermina a dor, mas que também pode machucar, matar. Ou como um livro que, sendo bom, educa, ensina e orienta, mas, sendo mau, que perverte, desencaminha. Pode ser também como o fogo, que aquece, serve e constrói ou destrói, queima e fere.

– Fabiano, não tema ser médium! A mediunidade é uma graça, uma bênção para indivíduos que estão no meio do caminho, para purificar-se e alcançar o Reino de Deus.

– Antônio Carlos, Nely é médium, não é?

– Sim, é, e muito sensitiva.

– Está ela usando a mediunidade mal, não acha?

– É cedo para afirmar. Ela teve e tem maus companheiros, porém é jovem e poderá mudar.

– Tem más companhias porque vibra como elas. Se não fosse assim, não aceitaria tê-los como companheiros. Sabemos que Nely tem somente o corpo jovem, mas não o espírito. Espero realmente ajudá-la.

– É o que desejo também.

Após ligeira pausa, Fabiano falou:

– A mediunidade, para mim, será uma repetição, pois serei novamente médium. Tenho, amigo, uma história triste, de fracassos.

– Conte-me, Fabiano. Fale de seu passado, de sua experiência.

– Falarei dos fatos mais importantes, daquilo que me marcou mais. Começarei no início da Idade Média, quando fui crente fanático e tornei-me padre. Para mim, nada existia de importante além do Clero. Não acreditava que pessoas pudessem sentir, ver, conversar com pessoas mortas fisicamente, ter visões, ter avisos em sonhos; não aceitava nada de quem pensava diferente de mim. Cheguei a persegui-las com injúrias, castigos, e as ironizava, chamando-as de loucas. Tinha a religião nos lábios, não no coração, e, para os que me contradiziam, desejava-lhes o Inferno. Desencarnei e sofri muito pela perseguição de inimigos e pela decepção de não estar no Paraíso, porque achava que merecia o Céu. Pela bondade do Pai, fui socorrido e pedi aos benfeitores para ter mediunidade, e assim voltei a encarnar.

"Naquele tempo, ter mediunidade não era fácil. Consideradas bruxas, fossem boas ou más, as pessoas eram perseguidas, presas e até queimadas vivas. Fui filho de camponeses; desde menino, via os desencarnados e com eles conversava, principalmente com minha avó paterna. Meus pais temiam por mim e tentaram corrigir-me, procurando fazer com que eu escondesse o dom que possuía. Mas o fanatismo em mim voltou forte, pois achava que não podia ocultar algo que me era tão natural; sentia que estava certo, e os outros, errados. Minha avó também me aconselhava cautela, dizendo carinhosamente que não era direito querer que as outras pessoas acreditassem em mim. Comecei a benzer pessoas e a ajudá-las, chegando mesmo a curar muitas. Atendendo à recomendação de minha avó, não cobrava dinheiro pelo que fazia, mas exigia delas gratidão e que elas passassem a pensar, a crer como eu. Para se dar de graça o que de graça se recebe, é preciso meditação profunda. Não devemos cobrar materialmente nem tampouco em sentimentos. É necessário fazer e esquecer. O que fazemos aos outros é a nós que fazemos. O trabalho no Bem é a graça que nem sempre merecemos e que só conseguimos fazer pela bondade do Pai. E muitos, como eu, cobram do beneficiado a gratidão.

"Não suportava gracejos. Familiares e conhecidos passaram a me ironizar, a rir de mim. Porém, percebi que, se fazia o bem, podia também fazer o mal. Passei então a fazer o bem aos que me elogiavam e a fazer o mal aos que me criticavam, por meio de vibrações para que adoecessem, até mesmo a meus familiares. E rogava pragas terríveis aos que, curados e ajudados por mim, eram-me ingratos. Esquecia-me de que não era eu quem fazia nada, mas que eu servia apenas de intermediário. Entretanto, julgava-me importante e orgulhoso. Minha avó, aquele bondoso espírito, aconselhava-me e tudo fazia para me chamar à razão. Não quis atendê-la e, por isso, ela afastou-se; fiquei com a companhia a que fizera jus: a dos maus. Fui denunciado ao Clero, porém, avisado por um amigo, consegui fugir. Mudei-me para a Alemanha. Como lá as perseguições eram terríveis, escondi a mediunidade, arrumei um trabalho e nunca mais dei notícias aos meus. Namorei uma boa moça e me casei. Mas o fanatismo era forte em mim e acreditava que tinha de fazer de tudo para que os outros pensassem como eu. Procurei um grupo que realizava rituais escondidos e um parente de minha esposa ajudou-me a integrar-me nele. Com eles, aprendi a fazer filtros de amor e mistura de ervas, que serviam tanto para remédio como para veneno. Cobrávamos caro. Vovó ainda tentou fazer com que mudasse de atitude, porém pedi-lhe que não me aborrecesse e ela ausentou-se, triste. Desencarnei saturado de energias negativas, sofrendo muito por longos anos; foi novamente vovó quem me socorreu e me ajudou. Por algum tempo, estudei, trabalhei, e pedi para encarnar novamente. Vovó despediu-se, pois tinha que continuar seu trabalho e por isso eu já não podia contar com sua ajuda. Tive amparo e não lhe dei valor. Quando procedemos assim, chega a hora em que o auxílio nos é tirado."

Fabiano parou a narrativa e enxugou as lágrimas abundantes.

– Fabiano, as lágrimas de remorso lavam a alma, e as de saudade, aliviam-nos. Esse espírito, que tanto bem lhe fez, fez o bem para si mesmo. E agora que lhe é grato, ele sente com certeza e recebe a recompensa por seu carinho onde quer que esteja. Não se entristeça, amigo, porque a tristeza não paga as dívidas, que são resgatadas com trabalho edificante.

– É verdade, Antônio Carlos. Desculpe-me. Luto sempre contra a tristeza porque sei que cultivá-la nos traz desânimo, desesperança e doenças. Tento ser otimista e sou grato ao Pai-amoroso pelas muitas oportunidades que nos dá, pela justa Lei da Reencarnação. Amo muito esse espírito que foi minha avó; sou-lhe profundamente grato. Sei que ele está em esferas superiores e que ora por mim. Tenho muitas dívidas, amigo, e quero resgatá-las pelo Amor, com trabalho mediúnico no Bem. Nesse período em que estive desencarnado, prometi a mim mesmo voltar a ser médium sem ser fanático, respeitando as opiniões alheias. Benfeitores do plano espiritual tudo fizeram para ajudar-me e voltei como membro de uma família religiosa, que conhecia os fenômenos mediúnicos e os respeitava. Logo notaram minha mediunidade e tudo fizeram para educar-me e conduzir-me no Bem. Entendi, obedeci a meus pais e não tivemos problemas. Éramos pobres, porém trabalhadores. Aos vinte anos, enamorei-me de uma jovem de família rica. Desejei ardentemente tê-la para mim e casar-me com ela. Passei a segui-la sempre que podia e a via na missa aos domingos. Um dia, enchendo-me de coragem, fui conversar com ela e disse-lhe que a amava. Ela contou-me que era prometida a um senhor rico e que seu pai só a deixaria casar com uma pessoa de posse financeira. Prometi-lhe conseguir dinheiro suficiente para poder casar-me com ela e pedi que me esperasse.

"Pensei com aflição em como ficar rico em pouco tempo e só achei um modo: utilizar meu dom mediúnico. Sabia que na floresta, em uma caverna, morava um mago, um homem rico, que dava consultas e fazia filtros. Era procurado por muitas pessoas de posses. Escondido de meus pais, fui procurá-lo. Recebeu-me e escutou-me pacientemente. Depois fez comigo alguns testes que comprovaram minha mediunidade e, por isso, aceitou-me como ajudante. À noite, escondido, ia para a gruta e com o mago trabalhava, aprendendo tudo rapidamente. Já não me sentia bem na igreja nem com as orações; as imagens pareciam cobrar meus atos. Porém, ficava nas proximidades da igreja no horário da missa para ver minha amada. Algumas vezes trocamos frases banais em encontros que eu tudo fazia para parecerem casuais. Minha família descobriu tudo e proibiu-me de voltar à floresta. Briguei com eles, saí de casa e fui morar com o mago. Consegui juntar algum dinheiro em poucos meses e, embora não fosse muito, enchi-me de esperanças. Então fiquei sabendo que minha amada iria casar-se em breve. Esperei ansioso que ela saísse da missa, segui-a, cerquei-a na rua e indaguei, furioso:

"Você vai se casar?

"Ela tentou explicar. Parecia escolher as palavras para não me machucar. Disse-me que o noivo era boa pessoa, que simpatizava com ele, que o queria bem, que aprendera a respeitá-lo naqueles meses de noivado e que ia realmente casar-se em breve, por isso eu deveria esquecê-la. Nada me prometera; eu sim é que fizera o compromisso de ficar rico e não tinha conseguido. Insisti para que fugíssemos, mas ela, perdendo a paciência, disse orgulhosa: 'Não posso. Deixe-me em paz! Só se fosse louca para unir-me a um bruxo! Sei que ajuda o mago da gruta; sou cristã e não quero para marido alguém que pode ser queimado e que, talvez, me leve junto'.

"Enraiveci-me, pois pensei que havia ocultado bem meu trabalho, e olhei-a com ódio. Ela concluiu, irritada: 'Deixe-me em paz, mago! Deixe-me em paz! Eu o esconjuro!'

"Afastou-se rapidamente e retornei magoado, pois me doía terrivelmente seu desprezo, e também estava assustado em saber que meu trabalho na gruta não era desconhecido como eu pensava.

"O mago consolou-me e incentivou-me a retribuir, cultivando ódio e vingança. E, com isso, os espíritos maus passaram a assediar-me.

"Meus pais e meus irmãos foram visitar-me muitas vezes, tentando fazer com que eu mudasse de atitude e voltasse para a casa. Gostava deles, porque eram bondosos comigo, e, às vezes, sentia até vontade de atendê-los, porém queria vingar-me e fiquei com o mago na gruta.

"Continuei com a intenção de ficar rico e descobri que fazer drogas abortivas poderia dar-me dinheiro, tornando-se isso minha especialidade. Uma das empregadas da casa de minha ex-amada, moça ainda, foi em busca de meus favores. Atendi-a, mas não lhe cobrei, e até lhe dei dinheiro, muito dinheiro, para que fizesse o que eu queria. Nessa ocasião, a mulher que me desprezara estava grávida de poucos meses; dei então a droga abortiva para que a empregada colocasse em sua comida, e o aborto aconteceu. E, porque o casal queria filhos, fiz desse processo minha vingança. Assim, todas as vezes que ela engravidava, a empregada colocava a droga em sua comida e ela abortava. Vê-los infelizes era meu prazer.

"Anos se passaram e, então, planejei matar o esposo dela; entretanto, antes que eu conseguisse, a Inquisição prendeu-nos. Os inquisidores encarceravam muitas pessoas, fossem boas ou más; a prática da bruxaria era proibida e qualquer fenômeno mediúnico era perseguido. Nossa moradia na gruta foi destruída e todo o dinheiro que eu juntara, mais as coisas de valor que possuía, foi doado à Igreja. As provas eram muitas, por isso resolvemos confessar todas as acusações e evitar a tortura; mesmo assim fomos condenados a morrer na fogueira.

"Pensei que pudéssemos, o mago e eu, livrar-nos e, por isso, invocamos os amigos desencarnados utilizando toda nossa força mediúnica, porém nada conseguimos. Desencarnamos, os dois, na fogueira em praça pública. Ser queimado é horrível: a dor aguda, ardida, do fogo, o cheiro de carne queimada, a fumaça que sufoca fazem com que a cada lembrança eu estremeça.

"Os antigos amigos desencarnados, que tratávamos como empregados, tornaram-se senhores e exigiram de nós o pagamento, fazendo-nos escravos deles. Se os bons ajudam por amor, com a intenção de servir, nada querendo em troca, nem mesmo agradecimentos, os maus o fazem querendo pagamento. Por anos servimos como escravos nos umbrais. Sofri muito com o remorso de meus erros, o pavor do fogo e a agonia de ser assassino, pois ajudara mulheres a abortar. E, no caso de minha ex-amada, matara mesmo, pois ela ignorava tudo, julgando-se doente. E quantos tratamentos fizera! O remorso sincero fez-me desejar outro tipo de vida; ao suplicar por socorro, fui auxiliado e conduzido a um posto de socorro. Libertaram-me das trevas, mas não do remorso. Por isso, ora sentia-me queimar, ora sentia-me envenenado pelas ervas que abortavam, e então desejei o esquecimento e pedi para reencarnar. Não teria mediunidade nessa vida, pois queria resgatar minhas dívidas com sofrimento na matéria.

"Cheio de esperança, fiquei perto de uma mulher que engravidara e que possibilitaria minha encarnação. Porém, logo me desesperei, porque a mulher não me queria, não queria filhos, e abortou o corpo que eu tanto ansiava. Muito triste, voltei ao posto de socorro entendendo a gravidade de meus erros, pois necessitava muito de um recomeço e este me fora negado, como eu fizera a tantos outros. Novamente me aproximei de uma mulher que engravidara e, esperançoso, vi o pequenino feto que seria meu corpo carnal. Essa mulher também não me queria e tomou drogas para abortar, não matou o feto, porém o danificou. Quis o corpo assim mesmo, com defeitos, e reencarnei. Nasci muito feio, com o lado esquerdo cheio de problemas, inclusive o braço e a perna eram menores e tortos. Aprendi a andar aos cinco anos de idade, e sempre com muita dificuldade. O remorso era tanto que perturbei o cérebro físico, ocasionando deficiência mental e ficando com o QI bem abaixo do normal. Não me importava. Vivia a oportunidade de resgatar meus erros e, no esquecimento provocado pelo corpo físico, o remorso não me atormentava, portanto sentia-me bem. Éramos pobres e aprendi a trabalhar com meu pai: fazia vassouras e cestos e vendia-os. Vivia alegre e sorrindo, tanto que ganhei o apelido de João Feliz. E escutava sempre minha mãe falar:

"'Não sei de que ri! É por Deus mesmo! Ser assim e ser feliz!'

"Aos quarenta anos desencarnei tuberculoso, sofrendo muito. Fui socorrido de imediato e, agradecido, vi meu corpo perispiritual recuperado. Recordei meu passado e senti que resgatara muitos dos meus erros, mas havia bastantes ainda. Não queria resgatá-los pela dor, pois naquela encarnação em que chamei João Feliz fora bom somente para mim. Se errara prejudicando meu próximo, queria fazer o Bem a outrem, resgatando meus erros com trabalho. Pedi para reencarnar e ter novamente a mediunidade como instrumento para que pudesse ajudar o próximo.

"Fui atendido e reencarnei no Brasil, no Rio de Janeiro.

"Desde garoto sentia a perturbação da mediunidade como uma prova e, bondosamente, meus pais ajudaram-me, levando-me a um centro espírita para tomar passes. Na adolescência, passei a freqüentar, lá, as reuniões e a receber, pela incorporação, espíritos necessitados de orientação. Fazia isso por necessidade, para ficar livre da angústia, da aflição que sentia com a aproximação de um desencarnado que necessitava de auxílio. Não via nele um irmão que sofria, mas em mim um instrumento que poderia aliviá-lo.

"Nessa encarnação, recebi por hereditariedade um corpo bonito, que chamava a atenção do sexo oposto, e isso me envaidecia. Interessei-me pela filha do dirigente do centro espírita que eu freqüentava e começamos a namorar. Era trabalhador e, logo que meu salário melhorou, casei. Meu sogro, homem bom e honesto, tratava-me como filho.

"Depois de alguns anos, comecei a me chatear com a vida que levava, sentindo rotina em tudo. Tínhamos três filhos, mas já não amava minha esposa e o centro espírita parecia-me pequeno e simples.

"Um colega de trabalho convidava-me sempre para conhecer o trabalho espiritual do terreiro que ele freqüentava. Um dia aceitei o convite, fui e gostei, pois era movimentado e não exigia que se estudasse nem que os freqüentadores tivessem uma vida exemplar, cheia de virtudes, que, para mim, naquele momento, parecia tão aborrecida. Passei a freqüentar o terreiro, deixando, então, de ir ao centro espírita. Muitas mulheres que lá freqüentavam passaram a interessar-se por mim e senti-me tentado. Minha esposa e meu sogro tudo fizeram para me fazer ver que poderia trabalhar em qualquer lugar, porém deveria acautelar-me dos abusos feitos em nome do Bem.

"Sei o que pensa, Antônio Carlos. Acredita que onde quer que estejamos, se quisermos, faremos o Bem e que existem muitos terreiros, carinhosamente chamados de centros de umbanda, bem orientados e que praticam o Bem. Mas, infelizmente, aquele que eu freqüentava não era bem assim. Os espíritos amigos do centro espírita não me acompanharam na mudança e os desencarnados que lá serviam passaram a facilitar a vida para mim, fazendo em meu lugar o que me cabia como lição de aprendizagem. Fui me afastando de casa, abandonei minha esposa e meus filhos e passei a morar com outra mulher, muito bonita, bem mais jovem do que eu. O terreiro cresceu com minha mediunidade. Acreditava que só fazia o Bem, entretanto muita da minha ajuda resultava em sofrimento para terceiros. Lá, cobravam-se os favores. Embora no começo estranhasse, depois achei certo, pois era como um trabalho e tinha que ser pago; mas pensava erradamente. Como era muito procurado, deixei meu emprego e passei a dedicar-me só ao terreiro e dele receber meu sustento. Comecei a viver melhor financeiramente e tive mais dois filhos com minha segunda mulher. Minha ex-esposa criou, com a ajuda de meu sogro, nossos três filhos, que se tornaram pessoas honestas e boas. Porém, meus outros filhos eram terríveis, oportunistas e malandros. O terreiro, com o tempo, veio a ficar sob minha direção, e lá tudo era cobrado, mas sem exagero. Meus dois filhos não queriam trabalhar; passaram a desfrutar da renda do terreiro e a cuidar das finanças. Querendo cada vez mais dinheiro, eles começaram a cobrar caro e a exigir pagamento de seus protegidos. Os bons afastaram-se, tanto os encarnados como os desencarnados. Senti-me só, triste, sem ânimo para enfrentar minha esposa e meus filhos, mas continuei meu trabalho por algum tempo, até que um ataque do coração expulsou-me do corpo físico e eu desencarnei.

"Sofri muito e, novamente, o remorso atormentou-me, por cobrar o que deveria distribuir de graça e por graça. Deveria por meio da mediunidade praticar o Bem, esquecendo o que fazia, mas nunca o que recebia."

– Fabiano, ânimo, amigo – disse. – Vencerá dessa vez. A lição foi aprendida e o erro não se repetirá. Confio em você!

– Antônio Carlos, contar para você meu passado fez-me bem. Confio na ajuda de amigos do plano espiritual e, também, vou reencarnar com a ajuda de pessoas queridas. Meu sogro será o principal responsável, pois serei seu filho, e ele já prometeu ser severo na minha educação. É espírita militante e muito estudioso. Minha primeira mulher virá como minha irmã, para exemplo na minha educação. Quero ser médium e dessa vez ter a mediunidade como instrumento de trabalho no Bem e por ela purificar-me, resgatar meus erros com Amor.

Calamo-nos por momentos.

Informações

Neste momento, quatro dos desencarnados voltaram. Três entraram na casa e Raquek ficou no jardim. Era ele bem estranho: alto, testa larga, olhos pequenos, bigode e cavanhaque negro como os cabelos. Trajava roupas escuras e botas de cano longo. Vestia uma capa preta que ia do pescoço até os joelhos. Usava anéis e uma grossa corrente dourada no peito.

Ao se aproximar de Ana, ele modificou sua expressão, suavizando a fisionomia, e carinhosamente se sentou ao lado dela. Honória nada disse, ficando quieta.

Ana sentiu sua presença, agitou-se e, ao ouvir sua voz, encolheu-se, tremeu e apertou os braços no corpo.

Raquek falava-lhe em voz baixa:

– Ana, Ana, fale comigo! Atenda-me!

Sua voz era de tom forte, com ligeiro sotaque europeu.

Vendo que ela se assustava, ele levantou-se aborrecido e afastou-se. A perturbada senhora, não o sentindo perto, relaxou e voltou a ficar apática.

Nely chegou da escola e entrou em casa. Fabiano e eu a acompanhamos.

Jogou os objetos escolares numa cadeira e sentou-se para almoçar. Não falou nada e dona Gema também nada disse, somente serviu o almoço. Seis dos desencarnados serviram-se também do repasto: carne, somente carne, quase crua. Nely comeu pouco e retirou-se logo para o quarto.

Pela tarde, alguns desencarnados saíram e outros ficaram na casa, entretanto sem algazarra. Um deles continuava a vigiar dona Gema, e Honória continuava com Ana.

No horário marcado, todos de nossa equipe retornaram, e Carlos pediu que cada um relatasse as informações colhidas. Primeiramente coube a mim, que em poucas palavras contei os acontecimentos do dia e rematei:

– O corpo físico de Nely está debilitado ela alimenta-se somente de carne. Satura-se de proteína animal, faltando-lhe vitaminas e cálcio, tão importantes, ainda mais nessa fase de crescimento. A alimentação sadia e variada é de suma importância ao corpo carnal, a exemplo do sal que retém líquidos no organismo, da pimenta que aquece, do cálcio para a fortificação dos ossos. Um pouco de tudo é ideal para o bom sustento, mas o excesso em um tipo de alimento prejudica o corpo. Entretanto, o mago do laboratório e Raquek devem saber disso, mas permitem. Talvez deixem que seus companheiros a façam alimentar-se somente de carne, mesmo sabendo que está a definhar, e venham, com isso, a perder seu instrumento encarnado.

– Talvez, Antônio Carlos – disse Carlos –, não estejam dando importância se Nely desencarnar ou não. Pensam em ficar aqui temporariamente. Conte-nos, Leila, o que descobriu sobre Noel Leocádio.

– Como me informou um trabalhador de um posto de socorro no umbral, Noel Leocádio está com um bando de irmãos inferiores e arruaceiros. Foi levado recém-desencarnado por Raquek e deixado no bando, na condição de não voltar ao antigo lar. Noel adaptou-se ao bando e não pensa na família nem na filha. Não se encontra em condições de socorro no momento.

– Um dia, Noel cansará da vida de futilidades e procurará socorro. E Noemy? Você, Cibeli, soube onde ela está? – indagou Carlos.

– Encontrei-a nas enfermarias de um posto de socorro perto da Crosta. Seu estado é lastimável e tem pesadelos constantes. Informou-me a direção do posto que Noemy foi deixada nas proximidades logo após seu desencarne. Deduzi que foi deixada por Raquek. Na mente de Noemy, nota-se o ódio profundo pelo esposo, pois ela vê constantemente suas traições e o dinheiro gasto em jogo. Em agonia, vê os muitos abortos que fez. Não queria mais filhos de um marido irresponsável e abortou todas as vezes em que engravidou após o nascimento de Nely. Com o tratamento bondoso e dedicado do posto, esperamos que melhore seu estado vibratório, como também que tenha no Bem sua mudança de vida.

Carlos concluiu:

– Raquek não queria os pais de Nely por aqui. Deve ter levado Noemy para as proximidades do posto porque sabia que ela seria socorrida, como sabia também que sua perturbação iria permanecer por muito tempo. Raquek nos traz curiosidades. Que soube dele, Toninha?

– É um espírito solitário que há muito está só e desencarnado. Na sua última vida física, amou profundamente Ana e, porque era um amor impossível, estiveram separados. Raquek é o seu sobrenome. Ele foi sacerdote contra sua vontade, por imposição do Clero e da família. Acostumou-se com a vida fácil e passou a desfrutar de todas as vantagens que o Clero oferecia. Servindo em uma localidade, conheceu Ana e apaixonou-se por ela, que evidentemente tinha outro nome.

Ana era filha de pessoas influentes e muito bonita. Seu pai a fez ficar noiva de um senhor idoso e feio, porém rico, querendo que casasse logo. Ela não queria, desesperou-se e pediu ajuda a Raquek, seu confessor, que prometeu ajudá-la, planejando a morte do noivo, colocando aos poucos no vinho dele um veneno cujo efeito fazia a morte ter aparência natural. Conseguiu a substância a preço de ouro com um bruxo que morava nas proximidades da cidade; soube dele por meio da confissão. Disfarçou-se para adquirir o veneno. Ninguém suspeitou, nem mesmo Ana, que, agradecida, achou que fora a oração do sacerdote que a ajudara, passando a tratá-lo com carinho, e Raquek entendeu que era correspondido na sua paixão. Ana chegou a pensar que o amava, porém respeitava-o como sacerdote. Tempos depois, o pai de Ana arrumou para ela outro casamento. Dessa vez, porém, o noivo era jovem e bonito, e ela sentiu-se dividida porque queria, como toda moça, casar e ter filhos. Raquek se desesperou por não admitir perdê-la. Pensou em fugir com ela, mas temia porque, se deixasse o Clero, não mais teria a proteção da Igreja e poderia até ser perseguido por ela. Também, conhecia bem o pai de Ana, que era rancoroso e mau e iria persegui-los até a morte. Pediu, implorou a Ana que fugisse sozinha. Disse que, mais tarde, daria um jeito de ser transferido para longe e a levaria. Ana preferiu ser esposa por não querer viver escondida e ser amante de um padre. Raquek, então, com o mesmo veneno, matou-a. Ninguém suspeitou. Meses depois, Raquek foi transferido e seguiu sua vida em erros, muitos erros. Ana, ao desencarnar, perturbou-se e sofreu muito. Foi socorrida carinhosamente por sua avó materna. Pediu para reencarnar e o fez no Brasil, numa família pobre. E se sentia feliz.

"Raquek, ao desencarnar, foi procurá-la, pois Ana foi a única mulher que ele amou, e conseguiu encontrá-la. Assediou-a sem obsedá-la, protegendo-a até, mas por causa do ciúme não deixou ninguém aproximar-se dela com intenções de namoro.

"Ana teve uma existência simples, de trabalho, e, depois que os pais desencarnaram, viveu sozinha e solitária.

"Tudo isso pesquisei em arquivos e, na tentativa de obter mais informações, li discretamente os pensamentos dele. Raquek, vendo Ana doente e prevendo para logo sua desencarnação, queria arrumar um lugar para ela porque não a queria no umbral. Pretendia levá-la para um lugar confortável, grande e sossegado. Saiu à procura e, passando por aqui, escutou Nely invocar um desencarnado. Entrou, e ninguém barrou sua entrada. Gostando da vibração da casa, do lugar, atendeu Nely e tratou de travar uma amizade com ela. Ficou, assim, satisfeito em arrumar um lugar para levá-la. Ana demorou mais tempo para desencarnar do que previra Raquek, mas, quando aconteceu, ele a trouxe para cá."

Concluí o porquê de Ana ainda estar perturbada e falei:

– Ana teme Raquek e refugia-se em si mesma com medo de enfrentá-lo. Por mais que ele se esforce, não consegue despertá-la desse torpor em que se encontra. No seu amor egoísta, não percebe que Ana nunca o amou e que, na encarnação em que teve vida simples e de trabalho, afastou-se dele definitivamente.

– Carlos – indagou Leila –, o que poderia acontecer com Ana se não viéssemos aqui? Vamos socorrê-la, não é?

– Sem dúvida será a primeira que levaremos, se permitida for nossa interferência. Leila, não se esqueça de que os trabalhadores do Bem estão em toda parte e, por isso, Ana seria socorrida em qualquer tempo. Se não foi ainda, é porque não se lembrou do Pai, de Deus, nem clamou por socorro.

"Mauro, e o laboratorista? O que nos diz dele?"

– Seu nome é Asec. Estudioso da magia negra, ele é um mago. Era senhor de um pedaço no umbral e foi, em determinada época, desafiado por outro mago. Julgando ser mais fraco que o desafiante, temeu perder a disputa, porque sabe muito bem que, para quem perde, restam a escravidão e muito sofrimento. Por isso, fugiu com alguns comparsas. Queria achar um local onde pudesse estudar, preparar-se melhor para disputar forças com o outro e, ao mesmo tempo, esconder-se. Um dos integrantes do bando viu José, o motorista, num bar bebendo e acompanhou-o até a chácara, que considerou ideal para a nova moradia. Asec veio, gentil, e pediu a Raquek que deixasse seu bando ficar aqui por algum tempo. Ele concordou, mas impôs condições: que eles não fizessem algazarra e que, quando trouxesse Ana para cá, o ajudassem a cuidar dela, acrescentando que quem sempre mandaria era ele. Asec e os companheiros mudaram-se para cá e parece que vivem bem.

– Assim, amigos – concluiu Mauro –, local onde não há preces, onde não se vive no Bem, é local aberto aos maus.

– Será que Asec tem muitos conhecimentos? – indagou Toninha.

Carlos, após pensar um pouco, respondeu:

– Pelo que vimos no laboratório, Toninha, Asec é estudioso. Para plasmar as plantas que lá estão, é necessário conhecê-las profundamente. Entretanto, utiliza livros, porque não possui os conhecimentos na memória. Deduzo que são pesquisas de outros que lhe foram dadas ou confiadas.

– Carlos, Asec pode ser perigoso? – indagou Cibeli.

– É imprudência achar que aqueles que servem ao Mal não têm forças. Muitos, como Asec, não têm preguiça de pesquisar, estudar e trabalhar, podendo representar perigo para muitos desavisados. Não viemos aqui desafiá-los, mas tentar ajudá-los. Não podemos ignorar que Asec não deseja nossa ajuda e que, por isso, poderá atacar-nos ou defender-se, por julgar que apenas se utiliza de sua liberdade. Só que, meus amigos, quem serve ao Mal escraviza-se a ele. Devemos ser cautelosos, porém nunca medrosos. Dessa forma, Cibeli, se Asec é perigoso, não o será para nós.

Calamo-nos por instantes e Carlos retomou as palavras, completando as informações que faltavam:

– Pesquisei as encarnações de Nely para que possamos entendê-la e ajudá-la. Teve nossa garota muitas encarnações. Resumindo, o mais importante para nós é saber que por diversas vezes dedicou-se ao Ocultismo, sendo considerada quase sempre bruxa e fazendo o Mal. Na penúltima encarnação, presa pela Inquisição, teve o corpo queimado e guardou muito ódio. Desencarnada, vingou-se de todos os que a condenaram. Satisfeita com a vingança, veio para o Brasil e, pela bondade do Pai, recebeu a graça da encarnação para o reajuste. Nasceu negra e escrava, entretanto não aceitou sua posição e revoltou-se. Procurou, então, uma forma de extravasar seu rancor nos que a rodeavam, principalmente nos brancos. Juntou-se aos que praticavam rituais africanos e, como recordasse de muitos feitiços, passou a praticá-los. Desencarnou e foi conduzida por amigos desencarnados ao umbral, onde ficou por algum tempo. Quis reencarnar e escolheu um casal para pais compulsoriamente. Não tem Nely ligação nenhuma com ninguém de sua família, nem com os empregados nem com os desencarnados que aqui estão. Não se apegou a ninguém e, por isso, é fria e indiferente, parecendo incapaz de amar, de querer realmente bem a alguém, embora tenha, a seu modo, gostado de sua mãe nesta encarnação.

– Deduzo, Carlos – falou Fabiano –, que por herança do passado foi fácil para Nely usar o tablado e, agora, conversar com Raquek sem ter medo.

– Sim, é verdade, Fabiano. Grandes são nossas responsabilidades ao aprendermos o Ocultismo e usá-lo para o Mal. Somos reflexos do nosso passado e construímos no presente o que seremos amanhã.

"Vamos, amigos, tentar obter algumas informações que nos faltam na própria casa. Entremos..."

Psicometria

Anoitecia e a casa estava quase às escuras. Havia luz no quarto de Nely e na cozinha. Ao entrarmos, vimos dona Gema acender as luzes da sala de jantar para servir a refeição. Os desencarnados, então, rodearam a mesa com disciplina.

– Nely, vem jantar! – gritou a serva.

A menina desceu as escadas, em silêncio, sentou-se e começou a se servir. Novamente o cardápio era carne de ovelha quase crua.

– Vamos subir – disse-nos Carlos.

Obedecemos aliviados, pois não era de bom gosto ver aquele repasto.

– É necessária nossa concentração em torno dos objetos e da casa, procurando ler seu astral e conhecer os acontecimentos que nos faltam.

– Como? – indagou Leila.

– Pela Psicometria – esclareceu Carlos. – Podemos, cara Leila, definir a Psicometria como a leitura da memória das coisas. Paredes e mobiliários, assoalhos e teto possuem a virtude de receber e conservar eflúvios vitais de acontecimentos ou de fatos marcantes vividos em sua presença, os quais podemos ler, agora, por meio da concentração. Entretanto, são informações do ambiente ligado ao objeto, e não da matéria que o constitui. Ou, para nos entendermos melhor, são os acontecimentos humanos que registram, na matéria, a própria história. Não é difícil para nós, desencarnados, usar a Psicometria, pois basta a concentração com o firme desejo de ler o astral dos objetos. Comecemos pela sala de trabalhos, lugar preferido de Noemy, mãe de Nely. Olhemos fixos nesta tela de pintura inacabada.

Enquanto Carlos falava, acompanhávamos interessados a sua orientação e concentramo-nos na tela. Vimos, então, a figura de Noemy, apresentando-se como uma pessoa sem muitos atrativos, de estatura miúda e magra. Mostrava-se pensativa, e a figura do esposo vinha-lhe à mente, pois queria muito que ele mudasse a forma de viver, mas estava piorando a cada dia.

De repente, vimos Nely entrar. Estava diferente. Era mais saudável, corada e arrumada. Aproximou-se da mãe e disse:

"Mamãe, Raquek pediu-me que lhe falasse que não é mais para a senhora fazer o que pretende, porque seu corpo está fraco e poderá morrer."

A resposta foi seca:

"Não amole!"

Nem todos do grupo conseguiam ver com perfeição as cenas que narro, porém Carlos explicava-nos tudo o que via, dando-nos o mais perfeito esclarecimento. Cada um tinha seu modo e grau de concentração; por isso, a leitura por meio da Psicometria não acontecia da mesma forma para todos. Entretanto, estávamos encantados com os resultados. Vimos ainda, na sala de trabalho, cenas de discussões entre Noemy e Noel, levando-nos a saber que o casal brigava muito. Também notamos Nely sentada no sofá e presumimos que a menina deveria passar horas ali a cismar, a pensar.

– Passemos para o escritório da casa – disse-nos Carlos.

Não havia nada que chamasse a atenção no escritório: uma estante vazia, uma mesa e quatro cadeiras. Novamente bastou concentrar-nos para ver Noel sentado à frente da mesa planejando suas farras. Era bonito, de tipo alegre e bem cuidado; moreno claro, tinha olhos esverdeados e bigode bem aparado. De repente, vimos uma cena comovente entre pai e filha.

Nely entrou no escritório e pediu, implorou chorando ao pai que ele não se casasse novamente. Noel respondeu à filha cinicamente:

"Você não manda em mim, pirralha! Vou me casar! Vá choramingar com seu Raquek e não me amole!"

A menina respondeu ao pai no mesmo tom, desafiando-o, e Noel bateu-lhe no rosto, jogando-a no chão. O tapa forte feriu seu rosto, que começou a sangrar. O pai saiu indiferente e ela ficou caída dizendo palavrões e chamando Raquek, como o pai recomendara.

Raquek surgiu e entendemos que Nely via-o claramente. Ele ajoelhou-se ao seu lado à maneira de um serviçal, sem entretanto demonstrar nenhum carinho.

"Ajude-me, Raquek, ajude-me!", disse Nely, chorando alto.

"O que quer que eu faça?", perguntou ele.

"Que meu pai não se case!"

"Você está certa de não querer o casamento, porque, casado, ele trará a idiota da esposa para cá e certamente ela vai querer mandar na casa, que é sua, por herança de sua mãe. Não é bom ter estranhos por aqui, pois vivemos muito bem! Só que, minha menina, sabemos que seu pai não presta, que é um namorador incorrigível. Se o separarmos dessa, em pouco tempo ele arrumará outra, portanto o melhor seria que sumíssemos com ele."

Raquek silenciou. Nely, que ainda estava caída, deitada no chão, sentou-se, interessada. Mais calma, ela parou de chorar e indagou:

"Como?"

Raquek respondeu calmamente:

"Matando-o. Se seu pai morrer, você ficará com tudo e será dona de si mesma. Sua tia não a molestará, pois é fácil afastá-la. Noel não serve para nada e, se continuar a jogar, poderá acabar até com o que é seu, com o que sua mãe lhe deixou. Se ele morrer, você ficará com os criados e comigo, que nunca a abandonarei. Se concordar, faremos tudo parecer acidente e ninguém desconfiará."

Nely respondeu com firmeza, sem vacilar:

"Quero. Meu pai deve morrer e farei como recomendar."

As figuras se apagaram e Carlos, com um sinal, levou-nos para a escada:

– Concentremo-nos na escada, amigos, e veremos o que podemos sondar nela.

Cenas sem importância surgiram: um operário que se machucou ao montá-la, cenas com os ex-moradores; mas apareceu o que nos interessava: Noel e Nely. Estavam os dois no alto da escada. O pai da menina ia sair, passear, e ela despedia-se dele:

"Volte cedo, papai!"

"Como é bom vê-la boazinha, filha! Precisou levar um tapa ontem para ficar obediente. Voltarei cedo, amanhã!" – riu.

Nely fuzilou-o com o olhar, porém sorriu. Despreocupado, Noel começou a descer a escada quando Nely deu-lhe um forte empurrão, fazendo-o cair e rolar pelos degraus, só parando lá embaixo. Asec e Raquek observavam tudo, impassíveis, e, quando Noel ficou imóvel, Asec aproximou-se, apontou para um local no pescoço dele e disse a Raquek:

"Aqui!"

Raquek transmitiu a informação à Nely:

"Venha, Nely. Coloque seu pé aqui e aperte com força. Isso, bastante força!"

Nely seguiu a orientação de Raquek. Nós a vimos descer a escada com calma, colocar o pé direito no local indicado e apertar com força.

"Basta!", exclamou Asec. "Ele morreu!"

"Pronto, Nely", disse Raquek. "Pode chamar os criados."

Nely retirou o pé, friamente olhou o pai e começou a gritar:

"Acudam! Socorro! Gema, José, senhor João! Papai caiu da escada!"

Asec e Raquek, em operação rápida, demonstrando conhecer o que faziam, desligaram Noel-espírito do corpo e saíram.

Vimos os criados chegarem, e também o médico. Nely continuou a fingir, agora chorando. O facultativo examinou o corpo de Noel e disse, naturalmente:

"O senhor Noel fraturou o pescoço ao cair. Está morto."

As cenas enfraqueceram-se e sumiram. Cibeli exclamou:

– Nely matou o pai!

– Ajudada por Asec e Raquek – completou Toninha, que em seguida indagou: – Carlos, Nely é culpada desse crime?

– Toninha – respondeu Carlos –, nosso livre-arbítrio é respeitado pelo Pai, por Deus. Nely participou deste crime porque quis. Nossas obras pertencem a nós, tanto as boas como as más. Os três participaram do crime, e todos têm sua parcela de culpa. É muito difícil o desencarnado fazer com que o encarnado faça algo que ele não queira. Ainda mais uma coisa grave como a que fizeram. Vibravam igualmente, por isso Nely tem culpa. Foi sugestionada, mas fez porque quis e se afina completamente com Raquek, tanto que aprovou desde o início o plano. Caros amigos, ninguém se safa de seus erros culpando só os desencarnados que os tentam. Tentações e maus conselhos por parte de desencarnados sempre houve e haverá, porém cabe a cada um de nós, ou ao encarnado, aceitá-los ou não, como também há os bons conselhos vindos dos obreiros do Bem, que podemos rejeitar ou não.

Após um instante de silêncio, Mauro exclamou:

– A Psicometria é fantástica! Já a conhecia pelo estudo, porém é a primeira vez que a uso.

– Sim – falou Carlos –, é bom utilizá-la para captar acontecimentos em torno das coisas. Neste caso, pudemos conhecer o modo como Noel desencarnou. E a casa sempre fechada facilitou-nos ver com clareza e sem maiores interferências.

– Carlos, há encarnados que conhecem a Psicometria e fazem uso dela, não há? – indagou Fabiano.

Carlos, com sua bondade de sempre, continuou a nos esclarecer.

– Estou a me lembrar de um fato – falou Mauro. – Quando encarnado, houve em minha cidade muito alvoroço em virtude de uma casa que diziam ser assombrada. Um amigo de meu pai a comprou, e era só ele entrar em um dos quartos para ver uma cena trágica: um homem matando uma mulher a facadas. Um respeitável senhor espírita foi chamado e não constatou nenhum espírito ali. Ele recomendou que abrissem bem a casa, que a pintassem e que trocassem o mobiliário do quarto. Feito isso, as aparições cessaram.

Carlos conclui:

– O amigo de seu pai, Mauro, deveria ser psicômetra sem o saber, pois percebia, por meio do astral da casa e dos objetos do quarto, o que tinha ocorrido: certamente um crime praticado às escondidas. A prática da Psicometria sem conhecimento tem desnorteado muitos, que confundem o que vêem com desencarnados. A leitura do astral dos objetos diferencia-se da clarividência com relação aos desencarnados, porque a Psicometria está relacionada a objetos e a determinados lugares, enquanto na Vidência os desencarnados podem ser percebidos em qualquer lugar, embora saibamos que eles têm preferência por certos lugares ou cômodos da casa. Por isso, o plano espiritual tem insistido para que os espíritas estudem, principalmente os dirigentes, a fim de não se deixarem enganar nesses casos.

– Podemos considerar o psicômetra um médium? – indaguei.

Carlos respondeu:

– Médium é aquele que entra em intercâmbio com os desencarnados. Psicômetra é o sensitivo que lê o astral ou a aura dos objetos, lugares etc. sem a interferência dos desencarnados. Pela sua sensibilidade, o psicômetra vê, por meio de vibrações, o que ficou registrado na aura pesquisada, tendo conhecimento do que faz ou nem sequer sabendo o que seja.

– Carlos, as emanações magnéticas e as irradiações contidas em objetos podem irradiar-se e atingir outras pessoas? – indaguei.

– Sim, podem. O pensamento humano, ao agir sobre a natureza material, adere de modo mais ou menos prolongado nas coisas e nos objetos que nos servem habitualmente. Por isso há muitas pessoas que se sentem inquietas e angustiadas ao visitarem determinados lugares, a exemplo de prisões, prostíbulos etc. Ou, então, experimentam bem-estar onde só houve ou ainda há acontecimentos dirigidos para o Bem, como em certos templos etc. Assim acontece ao sentirem-se mal em contato com determinados objetos usados em torturas ou que serviram para assassinar alguém. Acontece também de receberem benefícios, sentindo-se bem ao contemplar ou pegar objetos que pertenceram a pessoas boas, como um livro etc.

– Há muitas histórias de jóias antigas tachadas de azaradas, de mau agouro, ou então de talismãs. Isso aconteceria pelas emanações magnéticas nelas contidas? – indagou inteligentemente Toninha.

– Jóias – respondeu Carlos – são, na maioria das vezes, objetos de estima ou ódio, de cobiça e disputa. Constituem algo em que se projeta mais a atenção. Por isso, são facilmente psicometradas, e com histórias interessantes. Podem realmente influir benéfica ou negativamente, conforme o caso, em pessoas sensíveis que as adquirirem e as usarem.

Satisfeitos com os conhecimentos de que necessitávamos, encerramos os trabalhos com a Psicometria para anotarmos um fato deveras interessante.

A rosa seca

Durante à tarde, Fabiano e eu tínhamos visto o senhor João matar uma ovelha, colher seu sangue numa vasilha e, para que não coagulasse, adicionar-lhe vinagre.

Saímos do hall da escada, fomos para a sala de jantar e notamos que a refeição terminara, porém Nely continuava sentada, silenciosa, e acompanhada pelos desencarnados, que também permaneciam quietos. Ficou ali cerca de vinte minutos e depois se levantou, dirigindo-se para a cozinha. Foi até a geladeira, retirou um recipiente fechado e abriu-o calmamente; vimos que continha sangue. Pegou um copo, despejou nele o sangue até quase a borda, fechou novamente a vasilha e a colocou de novo na geladeira. A senhora Germana olhava-a com piedade, porém nenhuma palavra trocaram, nem para despedir-se, porque Nely, pegando o copo, saiu da cozinha, subiu vagarosamente a escada e encaminhou-se para seu quarto. Raquek e mais quatro elementos do grupo acompanhavam-na, e também nós, sem contudo deixarmos que nos notassem. O quarto de Nely era bem simples, um dos menores da casa. Nele havia uma cama, um armário, uma escrivaninha, uma cômoda e a janela, que dava para a parte esquerda do jardim. Nely acendeu uma luz fraca que deixou meio na penumbra o local. Em cima da cômoda não havia nada, e foi ali que a menina colocou o copo.

Abrindo o armário, onde havia poucas roupas, ela pegou uma caixa de sapatos que estava na frente, retirou-a e sentou-se na cama com ela na mão. Deu um triste suspiro e a abriu: dentro havia um galho e fragmentos de uma flor; ambos secos, amarronzados pelo tempo. Ficou olhando-os e pôs-se a recordar. Os desencarnados ficaram pacientemente perto da cômoda aguardando, e nós acompanhamos seus pensamentos.

Nely lembrava do enterro da mãe; pois sabia que sua vida iria mudar. Não podia confiar no pai, e a mãe era, portanto, sua proteção e consolo. Chorava sentida, mais pela pena que sentia de si mesma e pelo medo de enfrentar a vida sem ela do que pela separação. Conseguia vê-la: sua mãe estava no caixão, fria e triste, com rosas vermelhas muito bonitas enfeitando a urna funerária.

Raquek permanecia a seu lado e disse-lhe:

"Pegue e guarde a rosa que sua mãe tem entre os dedos. Verá que não murchará, como não acabará o amor de sua mãe por você, porque nada acaba com a morte do corpo. Não chore. Você terá sempre a mim."

"E eu que pensei", continuou Nely a meditar, "ter ele dito isso só para consolar-me! Entretanto ensinou-me um processo simples para que esta rosa seca floresça sempre bela".

Nely parou de recordar, pegou o galho, deixando na caixa os restos da flor, e colocou-o no copo com sangue. Em seguida, fez um estranho ritual em frente desse copo. Raquek e seus companheiros olhavam impassíveis.

A menina saudou o copo, fazendo lembrar saudações a deuses antigos; certamente misturava os muitos credos de que participara em suas vidas passadas, das quais tinha ligeira lembrança. Falava depressa e parecia recitar fórmulas das quais entendemos poucas palavras, entretanto repetia o nome de Raquek muitas vezes. Finalmente, parou, pôs as mãos espalmadas em cima do copo e ficou a olhá-lo.

Nada de anormal vimos acontecer com o galho, mas nem um minuto se passara e Nely modificou-se.

A expressão de seu rosto suavizou-se; parecia que via algo muito belo, porém continuava a olhar o galho como que fascinada. Exclamou, baixinho:

– Floresceu! A rosa seca floresceu! Mamãe está aqui e continua a amar-me!”

Então, observamos Raquek fixando o olhar em Nely. Entendemos que ele a hipnotizava, fazendo-a ver no galho seco um galho verde com uma linda rosa vermelha.

Nely estava alegre e, pela primeira vez, vimos que sorria. Ficou minutos olhando o galho; depois o tirou do copo, limpou-o e guardou-o na caixa, que, finalmente, colocou no armário.

Quando ela retirou o galho, os cinco desencarnados sorveram os fluidos vitais do sangue existente sem dizer uma palavra, mas, pelas expressões, deliciaram-se com o alimento. Logo após, saíram, deixando a menina a sós.

Nely não demorou a dormir, porém seu sono era agitado e seu corpo enfraquecido exalava odores da carne deteriorada de que vinha se nutrindo. Bastava olhá-la para entender que carecia urgentemente de tratamento e mudança na alimentação. Deixando-a no leito, retiramo-nos do quarto.

Raquek estava na sala e dava ordens a Honória:

– Sendo você hoje escalada para zelar Ana, não se distraia. Sabe perfeitamente que exijo que se cuide bem dela. Deve colocá-la agora para descansar. Prenda-a na cama, não precisando ficar no quarto; porém, não saia de casa e fique atenta para atendê-la no que necessitar.

– E ai de você se algo acontecer a ela! – falou um deles com arrogância.

Honória não respondeu. Raquek e os outros quatro que estavam no quarto saíram acompanhando José, o motorista. Asec encaminhou-se para o porão, certamente para estudar, e Honória tratou logo de cumprir as ordens.

Segurou na mão de Ana, fazendo com que se levantasse e a seguisse. Encaminharam-se para um dos quartos, entrando em um que, para os encarnados, estava fechado. Acomodou Ana num leito material e ela ficou quieta, indiferente. Honória pegou uma corrente de material mental, de fluidos, plasmada por eles, colocou no pé direito de Ana e fechou o cadeado, verificando se estava bem presa à cama. Os desencarnados usam muito objetos plasmados, sendo que os bons fazem-no para coisas úteis e os seguidores do Mal utilizam-nos como instrumentos de tortura ou enfeites. Uma corrente assim modelada pode incomodar um encarnado, sem encarcerá-lo; mas prende, imobiliza, um desencarnado como Ana.

Honória, usando uma manta também plasmada com fluidos, cobriu Ana e afastou-se, deixando-a imobilizada. Foi sentar-se na varanda, bem embaixo do quarto onde a deixara, para descansar.

Caminhamos para o canto do jardim, onde nos encontraríamos. A noite estava quente e estrelada, reinando o silêncio, que era quebrado pelos insetos ou pelos ruídos distantes de animais.

– Aqui não há cães! – observou Leila.

– Havia – respondeu Mauro –, porém escutei dona Gema falar que eles incomodavam a menina Nely com seus latidos e que ela e José mataram todos. Lendo as lembranças da senhora Gema, detectamos que eles mataram os animais a tiros de espingarda. Deduzi que os cães percebiam a presença dos desencarnados, ladrando muito, e Nely resolveu matá-los para que não a importunassem mais.

Após uma pausa, Carlos esclareceu-nos sem esperar as indagações que certamente viriam, porque estávamos curiosos para entender as estranhas cenas que havíamos presenciado:

– Vimos Honória prender Ana certamente porque Raquek não quer que ela fuja. Os desencarnados que aqui estão usam objetos materiais e os complementam, conforme suas necessidades, com aqueles que plasmam. Descobrimos que sabem modelar os fluidos, pelo que vimos no laboratório e observando o que Honória usou.

– Podem fazer qualquer objeto? – indaguei.

– Desde que conheçam e saibam, podem – respondeu Carlos.

– Por que Raquek faz Nely ver no galho seco a rosa florescer? – quis saber Cibeli.

– Presenciamos ali um ritual. Os rituais dão confiança às pessoas acostumadas a eles. E, pelo que soubemos do passado de Nely, ela usava rituais de magia nos seus trabalhos. As palavras que pronunciou são uma mistura de lembranças, porém sem coerência e sem necessidade. O que aconteceu foi que Raquek a hipnotizou. Não entendo bem a razão de ele fazer isso. Talvez seja para que se alimentem de sangue, mas poderiam fazer isso no sacrifício dos animais e durante as refeições. Pode ser também que, com o decorrer do tempo, Raquek tenha passado a querer bem Nely e, assim, queira consolá-la. Ao pedir que pegasse a flor, ele usou esse estranho processo e continua a fazê-lo diariamente para alegrar a menina. Assim, Nely sente-se feliz ao ver a flor seca transformar-se!

– Ela vê Raquek. Será que não gostaria de ver a mãe? – indagou Fabiano.

– Acho que nunca pensou nisso, mas, se quiser, é fácil para Raquek hipnotizá-la, fazê-la ver a mãe e até falar com ela. Ou também plasmar em si mesmo ou em outros a imagem de Noemy – esclareceu Carlos. – Isso é fácil para Raquek, que conhece e estuda, como também deve ser para Asec: podem plasmar qualquer imagem; só não podem ter a mesma vibração. Eles enganam imprudentes que não aprendem a distinguir os desencarnados bons dos maus pelas suas vibrações e carismas, mas só o fazem pelas imagens. Não podem igualar as vibrações, não podem demonstrar, fazer sentir as irradiações, porque eles não as possuem boas. Irradiamos o que somos.

– Como ele hipnotiza Nely rápido e facilmente! – exclamou Leila.

– É verdade, Raquek hipnotiza facilmente Nely, mas o faz porque ela assim o permite e quer – esclareceu-nos Carlos. – É mais fácil encarnado hipnotizar encarnado e desencarnado hipnotizar outro desencarnado. Um desencarnado hipnotizar um encarnado é bem mais difícil. Nesse caso é possível porque Nely afina-se com ele e gosta de ver a rosa florir. A liberdade de cada um é muito forte para que outro a anule; só com a permissão do próprio isso é possível. Meus amigos, devo ir agora à colônia, ao departamento de socorro, para levar as informações que obtivemos e pedir permissão para ajudar Nely.

Carlos volitou e ficamos no jardim aguardando. Fabiano, então, falou-nos:

– Gostaria que tivéssemos autorização para ajudá-los. Tenho piedade de dona Gema e gostaria de vê-la livre de seu vigia.

– Se não tivermos consentimento, regressaremos logo, não é? – indagou Toninha.

– Sim, partiremos em seguida – afirmou Mauro. – Mas, pela experiência que tenho de trabalho com Carlos, acho que ficaremos e ajudaremos Nely. Porém, nesse caso, a tarefa envolve muitos fatos e, conseqüentemente, necessita da cooperação de outros setores.

Para o bom desempenho em um auxílio assim, o trabalho deve ser bem planejado e executado.

– E pensar que tudo começou com uma brincadeira aparentemente inofensiva para muitos encarnados, mas com possibilidade de ser, como nesse caso, de conseqüências muito graves! – suspirou com piedade Toninha.

Ao trocarmos idéias sobre os acontecimentos, o tempo passou rapidamente e, antes de completar uma hora que Carlos partira, ele retornou com uma fisionomia alegre:

– Amigos, o trabalho espera-nos! Recebemos a permissão. Nely e seus companheiros serão ajudados.

Os primeiros socorros

Ficamos por meia hora a planejar como seria realizada a tarefa. Começaríamos já, naquela mesma noite. Tudo deveria ser feito com rapidez, pois nosso objetivo era doutrinar as entidades espirituais que ali estavam, todas elas se possível, e depois conduzir os encarnados para o caminho do Bem. Carlos, sempre disposto a orientar-nos, deu as últimas instruções:

– Faremos deste canto sossegado do jardim nosso ponto de encontro. Agiremos com cautela, procurando ajudar separadamente a cada um deles. E, quanto mais tarde souberem de nossa presença aqui, melhor. Trabalharemos em grupo, pois não é aconselhável agirmos sozinhos. Primeiramente libertaremos Ana, mas, para isso, precisaremos isolar Honória, para que ela não perceba. Vamos, quero realizar a ajuda no menor tempo possível. Nely corre risco de desencarnar se continuar com essa alimentação errada.

Caminhamos para perto de Honória, e Carlos fez um círculo magnético em sua volta. Ela nem notou, continuando quieta, sentada e distraída em seus pensamentos. Entramos no quarto onde Ana estava, e Carlos, com um simples toque das mãos, abriu a corrente. Dirigiu-se, então, às nossas companheiras:

– Toninha e Leila, por favor, levem Ana para uma de nossas enfermarias na colônia. Deixem-na instalada e voltem. Lá, sem a presença de Raquek que a intimida e no ambiente salutar da colônia, logo ela se recuperará e ficará boa.

Toninha e Leila acomodaram Ana em seus braços e volitaram.

– Bem – disse Carlos –, ajudemos agora dona Gema. Vamos conversar com seu vigia.

Fabiano sorriu e suspirou:

– Queria tanto isso... Livrar dona Gema de seu vigia. Posso, Carlos, dar um passe nela e limpá-la dos fluidos nocivos?

– Sim, Fabiano – respondeu nosso instrutor –, pode ajudar a senhora Germana. Porém, não conseguiria só com um passe limpá-la desses fluidos pesados, porque são muitos e, por aqui, tudo é saturado de energia negativa. Porém, enquanto conversamos com o desencarnado, preste-lhe auxílio.

Entramos nas acomodações do casal. No quarto simples e pequeno, dona Gema preparava-se para deitar, enquanto seu esposo, senhor João, já estava repousando. Os dois deveriam estar na faixa etária dos sessenta anos, entretanto pareciam muito cansados, desanimados e tristes. O senhor João reclamava para a esposa no momento em que entramos:

– Gema, sinto-me doente. Esta chácara parece-me muito triste e, por isso, gostaria de ir embora daqui!

– Acalme-se, João. Ir embora? Para onde? E José? Nosso filho é ruim e bêbado. Em que lugar o aceitariam? E, depois, o que será de Nely se formos embora?

– Nely! Ela é tão doida quanto José! Não vê do que se alimenta? Como age? Leva sangue para o quarto. E o que faz com ele? Não sabemos. Quase não fala essa menina. O pior é que quem mata os pobres bichinhos sou eu. Que situação esquisita! Ela bem que podia ir morar com a tia; assim, iríamos embora. Nem para rezar tem sossego! Parece estranho, porém todas as vezes que tenta rezar sente ferroadas na cabeça.

Sentado no canto do quarto estava Lemão, o desencarnado que a vigiava. Observava tudo com indiferença.

– Será que ela não consegue mesmo orar com ele por perto? – indagou Cibeli.

– Realizar algo depende somente de cada um de nós, pois temos nosso livre-arbítrio, e a oração é a maior força de que dispomos para resolver nossos problemas. Germana quer orar, porém sua vontade é fraca e ainda se deixa envolver com facilidade pela influência do desencarnado que a vigia. Cede ao domínio dele, ou à tentação vinda de outrem. Se quisesse realmente orar, conseguiria, mesmo com ferroadas na cabeça. Vamos levar Lemão para o jardim.

Com uma rede magnética, Carlos o envolveu, isolando-o, para que não chamasse e alertasse os companheiros. Foi conduzido para o jardim e sentiu-se como que atordoado, sem saber o que estava acontecendo. Tentou chamar os comparsas, mas não conseguiu. Carlos abriu o círculo magnético e ele, Cibeli, Mauro e eu entramos nele. Então, Lemão, podendo ver-nos, ficou muito assustado.

Lemão era o que apresentava melhor aspecto entre os do grupo. Era alto – devia medir cerca de dois metros –, loiro e bem claro; tinha os cabelos cortados curtos, vestia roupa preta e usava correntes de metal no pescoço e nos pulsos. Ficou alguns segundos observando, até que nos perguntou:

– Quem são vocês? Que querem?

– Somos servidores do Cristo. Trabalhamos para o Bem e amamos todos como irmãos – respondeu calmamente nosso instrutor.

– Irmãos?!? – falou Lemão, estranhando. – Que quer dizer com irmãos? Julga que sou também seu irmão?

– Sim – respondeu com firmeza Carlos.

Carlos era estudioso e servidor do Bem há anos; bastava olhar para um desencarnado ignorante da verdade, seguidor do Mal, como Lemão, para saber suas reações e conhecer seu passado, seu nome, além de tudo o que se referisse a ele e pudesse ser útil. Lemão não parecia ser de difícil conversão. Carlos continuou:

– Somos irmãos criados pelo mesmo Pai e separados somente pelo diferente modo de viver.

– São fortes? Quero dizer, vocês podem tudo mesmo?

– Se pensa que tememos Asec ou Raquek, engana-se. Não tememos irmãos semelhantes que, temporariamente, escravizam-se no Mal – falou Carlos.

– Eles são perigosos... – Lemão mudou o tom de voz e falou bem baixinho.

– Por que nos diz isso? – indagou Mauro.

– Bem, fico sempre do lado do mais forte. Estou mesmo desorientado, com medo e não sei o que fazer. Não sou bobo; sou inteligente. Sei que, se vocês me prenderam, não conseguirei fugir. Que farão comigo? Serei escravo de vocês?

– Os seguidores do Cristo não fazem escravos – falei. – Lutamos para libertar todos e para que todos sejam felizes.

– Conversa! – Lemão tentou sorrir. – Sabemos que os bons são intrometidos e que fazem maldades para nós, pobres moradores do umbral.

– Se você nos considera bons, como é que, sendo bons, fazemos coisas ruins? Por acaso já comprovou que praticamos o mal? – indagou Carlos.

– Não, só me disseram – suspirou Lemão. – Mas dizem tantas coisas, principalmente para que não fujamos nem procuremos os do Cordeiro.

– Não tem vontade de mudar de vida? – indagou Cibeli.

– Sim, moça, tenho. Mas sinto medo, e meu medo faz com que eu obedeça e fique quieto. Sei que erro, porém não vejo outro recurso. Estou num mato sem cachorro. Se desobedecer, sou castigado. Se procurar os bons e eles não me quiserem, estou enrascado. Ou, se os bons me aceitarem, torno-me escravo deles.

– Engana-se, Mário. Não queremos escravos, mas sim amigos e irmãos – bondosamente expressou-se Carlos.

– Como sabe meu nome?!? – Lemão arregalou os olhos.

– Conhecemos muito de você. Sei que seu nome é Mário e que não era bem sua intenção procurar o Bem ou os bons, como nos designa. Mas, se vier conosco, não será um escravo, e sim um companheiro. Porém, exigimos que mude sua maneira de viver. Nada de vampirizar encarnados para fumar ou beber; nada de falar obscenidades. Deverá respeitar todos e aprender a amar os outros como a si mesmo.

– Isso não é difícil? Gostar de quem nos quer bem é fácil. Porém...

– Porém, Lemão – arrebatou Carlos –, todos somos amados igualmente por Deus. É como filho amado que Ele lembra agora de você e, por nosso intermédio, convida-o a mudar de vida e a nos seguir.

Lemão permaneceu quieto e pensou rapidamente no que ouvira. Viu cenas tristes de sua vida no umbral. Olhou para cada um de nós, analisando-nos:

– Vocês são felizes? – indagou.

– Sim, porque somos livres, porque fazemos o Bem, porque amamos – respondi.

– Se eu for com vocês, eles poderão pegar-me? Não? Vocês garantem?

– Sim, pois, para onde você vai, eles não podem ir. Mário, queremos levá-lo modificado. Arrependa-se de seus erros, peça perdão a Deus, faça um propósito de emendar-se e queira ter outro tipo de vida – expressou-se Carlos.

Lemão começou a ver seus erros. Veio-lhe à mente as cenas dos acontecimentos vividos por ele independentemente de sua vontade. Inquietou-se a princípio e depois chorou. Seu pranto era sincero, pois sentia vergonha e, no momento, tinha vontade de mudar de vida, de ter paz e tranqüilidade. Em voz alta, bradou:

– Deus! Oh, Pai! Perdoe-me!

Carlos abraçou-o e ele se admirou com o carinho que recebia, dizendo comovido:

– Ajudem-me! Levem-me com vocês!

Mauro e Cibeli levaram-no para a colônia, onde seria deixado numa de suas escolas apropriada para a recuperação de espíritos que, seguidores das trevas, deveriam receber a luz do aprendizado do Bem.

Toninha e Leila, que haviam deixado Ana para tratamento em uma das enfermarias da colônia, reuniram-se a nós. Fabiano, que havia ficado com dona Gema, contou-nos, alegre:

–Dona Gema conseguiu orar e chorou emocionada. Agora ela e o senhor João dormem sossegados!

– Conseguimos converter Lemão! – exclamei, contente.

– Não se entusiasme tanto, Antônio Carlos, porque Mário, o Lemão, era o mais fácil. – falou Carlos.

Lemão não era mau realmente e estava no bando por comodismo e medo. O fato é que se cansara da vida que levava, porém, por falta de coragem e fé, nela continuava.

Com o retorno de Mauro e Cibeli, aproximamo-nos de Honória, que continuava sozinha e distraída, pensando e recordando seu passado. Entramos no círculo magnético em que a tínhamos deixado, porém ela não nos percebeu. Carlos a motivou a continuar pensando, recordando, e nós seguimos seus pensamentos.

Honória pensou na vida simples e pobre que tivera quando menina. Mocinha, conhecera Mayo, apelido de seu companheiro Jair, e com ele fora morar. Era ele chefe de um bando de ladrões. Residiam, ou melhor, escondiam-se, ela e outras mulheres do bando, na montanha, num lugar de difícil acesso, para onde o grupo de homens ia após seus assaltos. Tivera cinco filhos, mas dois morreram logo após o nascimento. Um deles, o segundo, Luís, era meigo e bom; uma flor no meio de espinhos. Os outros dois se pareciam com o pai e desde meninos acompanhavam-no e roubavam. Luís não queria seguir o exemplo do pai, não gostava de acompanhá-lo e tudo fazia para ficar com Honória. Ela, como mãe, defendia-o, dizendo que ele não iria para ficar cuidando dela. Mayo começou a forçá-lo a roubar e, não conseguindo, passou a odiá-lo. Honória amava o filho, porém achava que também deveria seguir o pai e tudo fazia para convencê-lo. Luís, entretanto, era diferente, de gênio bom, repartia tudo o que tinha com os outros e gostava de trabalhar, mas honestamente. Um dia Luís disse a ela que ia embora, que partiria para longe, e ela contou ao marido. Mayo ficou furioso e o matou.

Honória chorou, sentindo a morte do filho. Depois de todos desencarnarem, ela nunca mais viu o filho assassinado. Ficou com Mayo de bando em bando no umbral, juntamente com os outros dois filhos, que, no momento, não estavam com ela, mas os via sempre e sabia deles. Entretanto, nada sabia de Luís. Mayo não gostava de recordar o passado, continuava grosseiro com ela e não a deixara remoçar, para que não o traísse e continuasse como sempre a ser sua serviçal.

Mayo surrava-a bastante quando eles eram encarnados e agora, na espiritualidade, mostrava-se ciumento, bastando estar nervoso para descontar nela. Estava sempre com outras mulheres, sendo que, desde o tempo das montanhas, traía-a sempre.

Tivemos compaixão por Honória, pois havia cometido muitos erros, mas amava seus filhos e doía-lhe o remorso por ter contado a Mayo que o filho Luís ia partir.

– Boa noite! – disse-lhe Carlos.

Honória deu um pulo, levando um enorme susto, e olhou-nos com medo. Depois, instintivamente, tentou correr e, não conseguindo passar pelo círculo magnético, gritou por socorro:

– Mayo, Mayo, Raquek, Asec, socorram-me!

Depois de um minuto debatendo-se e gritando, ela cansou, sentou-se no chão e, encolhendo-se, ficou a nos olhar apavorada.

– Honória, por favor, escute. Somos amigos – falou carinhosamente Leila.

– Não quer conversar conosco? – indaguei.

Ela não respondeu e Carlos interferiu:

– Pensa no seu filho Luís? Bom moço esse seu filho!

– Conhece-o? Como ele está? – indagou Honorária com voz trêmula.

– Por que nos teme? Se nos ouvir, verá que só queremos ajudá-la – continuou Carlos.

– Nunca fiquei presa! Nunca outro bando conseguiu prender-me. Não conheço vocês. Nunca vi gente tão esquisita! São educados. Vocês não são do bando do Tonhão, são? A que bando pertencem?

– Somos membros dos Obreiros do Bem, dos Cordeiros do Cristo, ou seja, somos trabalhadores de Jesus – respondeu Carlos, procurando achar um modo de nos apresentar.

– Estranho – disse Honória, relaxando. – Vocês também prendem gente?

– Só em casos especiais. Você não está presa, mas provisoriamente dentro de um círculo magnético para que possa ouvir-nos sem fugir – respondi.

– Que querem falar comigo? Como sabem meu nome?

– Honória, sabemos o bastante de você para convidá-la a nos seguir e a conhecer outro tipo de vida – falou Mauro.

– Vocês são muitos e eu estou só. Por que não conversar com todos juntos?

– Conversaremos com eles depois – respondeu Fabiano. – Agora queremos ajudá-la.

– Não pedi ajuda! Não quero ajuda! Se Mayo escutar isso, pensará que fui eu quem pediu socorro a vocês. Vai me prender e me torturar.

– Honória, não tema! Acalme-se! Veja nesta tela o local para onde a levaremos.

Carlos plasmou uma tela que colocou na frente de Honória e projetou nela a colônia, suas belezas e o modo de vida de seus habitantes. Ela observou tudo e, encantada, sentou-se no banco.

– Lindo! – exclamou.

– Será sua moradia se vier conosco – continuou Carlos –, se quiser mudar seu modo de viver, largar o bando e aprender a fazer o Bem. Essa vida não a aborrece? Não lhe dá um vazio?

Honória esfregou os olhos, ajeitou a roupa e observou-nos novamente:

– Como posso confiar em vocês? Não estão me enganando?

– Nós não enganamos ninguém. Nunca ouviu falar dos socorristas, dos trabalhadores do Bem? – indagou Toninha.

– Sim, já. Mayo diz sempre para ficarmos afastados e até nos escondermos deles, porque são como policiais: prendem-nos.

– Honória – falou Carlos –, não somos policiais; socorremos os que sofrem e tentamos alertar os moradores do umbral sobre as verdades, sobre os ensinos de Jesus, para que eles conheçam um outro tipo de vida e possam ter paz. Somos felizes e queremos que todos sejam. Nunca pensou em ser feliz, em morar num lugar onde a respeitem, sem que seja surrada ou ameaçada de torturas, onde todos são iguais e têm os mesmos deveres e direitos?

– Onde vocês moram vive-se assim?

– Sim. Lá existe ordem, tranqüilidade, e poderá estudar e aprender a viver no Bem – respondi. – Aproveite a oportunidade e mude de vida.

– Mayo não deixa. E, se eu o abandonar, até vocês serão castigados!

– Você já ouviu falar de algum socorrista, trabalhador do Bem, que tenha sido apanhado pelos moradores do umbral e castigado? – perguntou Leila.

– Não, nunca soube.

– Então – argumentou Carlos –, não há o que temer. Eles nem nos estão vendo, porque assim o desejamos. Nossas vibrações são diferentes. Se estiver conosco, nada poderão fazer contra você! Também, acredito que todos os do grupo virão conosco.

– E meus outros dois filhos?

– Você poderá vê-los e, quem sabe no futuro, ajudá-los – respondi.

– Sinto, senhores, mas não irei. Deixem-me passar, pois já conversamos muito. Fico por aqui porque já me acostumei com essa vida.

Carlos não desanimou:

– Você sabe, Honória, que o corpo morre e o espírito continua vivendo. Sabe também que vivemos um período no corpo material e outro, como agora, no plano espiritual para depois voltar novamente a outro corpo físico, não sabe? Você deverá encarnar, e já pensou como será seu corpo se continuar errando? Como será sua reencarnação?

Carlos projetou na tela alguns erros dela. Honória estremeceu, olhando fascinada, e os enganos foram passando, coisas erradas que fizera desde menina até as mais recentes. Depois projetou um corpo defeituoso, como seria o seu. Honória assustou-se.

– Seus erros e a perseverança no jeito de viver erradamente levarão seu espírito a vestir um corpo de carne assim. Mude de vida, Honória, volte ao Bem. Além de medo e humilhação, o que mais oferece esse tipo de conduta a você? Quando estava encarnada, você orava? Nunca ouviu falar de Jesus? Venha conosco! Se não quiser vir, teremos que levá-la para esclarecimento, numa incorporação, a um centro espírita. – falou Mauro.

– Mayo não me achará? Vocês têm certeza?

Carlos projetou novamente a colônia na tela e indagou:

– Vocês já foram lá?

– Nesse lugar, não. Conheço de longe o posto de socorro e nunca conseguimos tirar alguém lá de dentro.

– Já tem a resposta – falei. – Lá começará vida nova, e irá gostar.

– Sou realmente infeliz, por mais que aparente alegria. Somos infelizes! Quero tentar ser feliz!

– Longe de Deus, ninguém consegue ser feliz. Distante do Pai, aparentamos alegria, sem realmente a possuirmos. Ninguém é feliz no caminho do Mal. Lá, Honória, você encontrará a felicidade e terá paz.

Mauro e Fabiano pegaram-na, um em cada braço, e volitaram antes que ela pudesse mudar de idéia.

Carlos explicou-nos:

– Honória irá para a escola de recuperação e tenho certeza de que gostará. Quando estiver adaptada, não irá querer sair de lá. Foi muito maltratada por Mayo e pelo bando, porém lá receberá carinho e respeito.

– Encontrará Luís, o filho? – indagou Leila.

– Poderá saber dele com facilidade dentro de pouco tempo, pois na colônia terão como informá-la. Conseguirá também ajudar seus outros filhos num futuro próximo – respondeu nosso instrutor.

Com exceção de Asec, que trabalhava no laboratório, os outros desencarnados não estavam em casa. Resolvemos aguardá-los, ficando no jardim.

– Tentaremos conversar com eles – disse Carlos. – Procuraremos esclarecê-los, porém, se não conseguirmos, levaremos todos a um centro espírita dirigido por um amigo encarnado, o senhor José Carlos Braghini. Então, por meio da incorporação, eles serão orientados e, levados para uma escola de recuperação.

– Escola de recuperação? Explique-nos, Carlos. Como funciona? – pediu Toninha.

Carlos não se fez de rogado e, entusiasmado, falou:

– No plano espiritual, o desencarnado tem muitas oportunidades de estudar. Para os desencarnados que desconhecem até que seu corpo físico morreu, há escolas onde irão aprender sobre o mundo espiritual. As escolas de recuperação existem em algumas colônias distribuídas pelo Brasil. São locais fechados, onde o aluno não pode sair até que conclua seus estudos. Elas são dirigidas por mestres de conhecimentos, irmãos virtuosos estimulados a fazer o Bem pelo Bem. Raquek e seus companheiros, espíritos ativos, de muitos conhecimentos, sem contudo serem espiritualizados, quando estiverem doutrinados, vão redimir-se, harmonizar-se e aprenderão a servir ao Bem. Essas escolas são muito bonitas, além de bem equipadas. Lá ficarão o tempo necessário: meses ou anos, num estudo que lhes dará compreensão das verdades eternas. De filhos das trevas, passarão a filhos da luz.

– Levá-los para serem doutrinados por meio da incorporação é mais fácil? – indagou Cibeli.

– O doutrinado sente as vibrações materiais; sente como encarnado por minutos; sente o corpo físico que há muito não tem, não gosta, e teme só de pensar que voltará a encarnar. Sente-se dominado pela matéria que despreza. Acostumado a dominar mentes, sente-se dominado pelo doutrinador. Todos eles, esses irmãos trevosos, sabem que um dia serão julgados e, ao se sentirem dominados, acham que esse julgamento chegou. No íntimo, reconhece-se incorporado ante espíritos desencarnados e encarnados maiores que ele; sente que ali achou um caminho para possuir um valor maior, o espiritual. Sim, é mais fácil doutrinar um irmão incorporado – concluiu Carlos.

Amor maternal

Já passava da uma hora da manhã quando José, o motorista, voltou, tão bêbado que mal conseguia sair do carro. Ajudado pelos desencarnados que o acompanhavam, foi para o quarto.

O grupo de desencarnados ficou na varanda. Havia muita conversa. Falavam baixo e riam muito. Diziam palavrões e obscenidades. Após meia hora, Isabelita, outra agregada ao grupo – de aparência jovem, bonita, muito enfeitada e pintada –, desceu para o porão para encontrar-se com Asec.

Raquek entrou na casa, acomodou-se no sofá da sala e lá ficou. Quatro deles, Tião, Caixão, Ramu e Mayo, continuaram na varanda.

Carlos disse-nos:

– Vamos concentrar-nos em Tião e fazê-lo afastar-se do grupo.

Tião era alto e moreno, quase negro; vestia uma calça larga e um colete de couro preto. Não tinha mais nenhum enfeite, além de um cinto largo em que se via enfiados punhais e facas.

Inquietou-se com os fluidos que recebia de nós e calou-se, já nem ouvindo mais os companheiros. Insistimos, sugerindo que andasse pelo jardim. Deixando os amigos sem dizer nada, ele desceu devagar os degraus da varanda, caminhou pelo jardim e foi sentar-se num dos bancos. Ficamos à sua volta e Carlos explicou-nos:

– Vamos tentar fazer com que recorde seu passado, revivendo-o. Podemos dominá-lo com lembranças, inclusive incluindo fatos que lhe provocarão remorso; com isso, talvez façamos com que peça ajuda. Ajudem-me, amigos, vibrando em favor deste irmão.

Tião continuava inquieto, e Carlos olhava-o fixamente. Começou, então, a recordar o passado e fomos acompanhando suas lembranças.

Era de família pobre, com muitos irmãos; sempre foi arteiro e briguento. Todos o desprezavam, menos a mãe, que muito o amava. Mulher meiga e bondosa, sempre teve paciência com ele e carinhosamente o aconselhava a mudar seu jeito de vida. Ainda adolescente, saiu de casa e juntou-se a um grupo de vadios, começando a roubar e meter-se em brigas. Por várias vezes, teve que se esconder da polícia, ocasião em que contava com a ajuda da mãe. Escondia-se nas montanhas e grutas, e ela levava-lhe, à noite, alimentos e roupas, tirando de seu sustento para ajudá-lo. Nunca ficava magoada com ele e repetia sempre:

– Tião, filho, Deus existe e o vê. Um dia terá que estar diante d'Ele, e como se sentirá? Seja honesto, filho, e não maltrate as pessoas, porque um dia será maltratado também.

Numa briga, ele matou um homem e foi preso. Sofreu na prisão, mas isso só lhe deu ódio. Quando encarcerado, soube da morte da mãe e sentiu muito. Aproveitando uma oportunidade, fugiu e foi para longe, continuando na vida errada, porém sempre com saudade da mãe. E, ao recordar dela, além de doer-lhe, parecia que a ouvia repetir:

– Mude de vida, filho!

Evitava, então, pensar nela.

Tião enxugou as lágrimas, olhou para os lados e, vendo que ninguém do grupo o observava, continuou a recordar.

Passados muitos anos, ele voltou à sua terra natal e soube que seu pai também falecera; procurou um de seus irmãos que, em troca de dinheiro, deu-lhe hospedagem. Gostava desse irmão, que era pobre, trabalhador e tinha muitos filhos; não lhe fizera perguntas nem ele dissera nada sobre seu passado. Esse irmão tinha uma filha, Elizinha, de doze anos. Menina meiga, bondosa e parecidíssima com sua mãe. Ela tratava-o bem, dava-lhe atenção, carinho, e, por isso, ele gostava dela, que fazia com que se lembrasse muito de sua mãe. Certo dia, ao ficar sozinho em casa com ela, confundiu os sentimentos e violentou-a, matando-a em seguida. Fugiu e nunca mais voltou, mas, pela primeira vez, sentiu-se apavorado e jamais teve sossego. Cometeu outros crimes, mas de nenhum deles tinha remorso, somente desse.

Não deixamos Tião parar de pensar e fizemos com que recordasse várias vezes os conselhos de sua mãe. De repente, Tião exclamou alto:

– Encarnamos muitas vezes! Agora me lembro disso. Será que minha mãe não era Elizinha? Ai de mim. Sou um miserável! Matei Elizinha que gostava de mim e, como mamãe, amava-me. Foi ela a única pessoa que se importou comigo.

Carlos, sempre olhando fixo para Tião, fez com que ele pensasse em Elizinha. A imagem da garota veio-lhe à mente e lhe falamos, por meio da imagem da menina:

"Já perdoei o senhor, tio! Perdoei como Jesus perdoou os que o crucificaram. Fique bom, titio, fique!"

– Não posso! – respondeu Tião em voz alta. – Seu tio não tem jeito. Sou ruim.

"Claro que tem!", continuamos a falar por meio da imagem que projetamos no cérebro de Tião. "Jesus perdoou o ladrão da cruz. Peça perdão, volte a Deus, ao Pai que nos criou. Deixe essas más companhias, deixe de maldades e aprenda a fazer o Bem. Quem assim faz não teme, não sofre de remorso."

"Oh! O remorso dói tanto! Por que fui fazer mal a quem tanto bem me fez?"

Tião chorava sentido, arrependido realmente desse erro, pois lhe doía o remorso. Mas nunca se lembrou de pedir perdão. Achava-se indigno de ser perdoado e pensava que era com os maus que deveria ficar.

Carlos fez com que ele pensasse na mãe novamente e, assim, falou-lhe:

"Tião, meu filho, aceite minha bênção."

"Abençoa-me, mãe? Eu fiz tantas vezes a senhora chorar que até morreu pelo desgosto que lhe dei!"

"A mãe que ama não esquece o filho. Amo você, sofri por você e sofro, porque sei que, entre os maus, não irá ser feliz."

"Por favor, por favor, não sofra mais por mim. Não sofra!"

Tião não desconfiou de que o forçávamos a pensar, mas nada fez para parar. Esqueceu-se dos companheiros. Falava alto e chorava.

A imagem da mãe falava por nós:

"Como ser feliz, meu filho, vendo-o sofrer? Peça perdão a Deus, volte ao Bem, recupere-se entre os bons."

– Pedir perdão? Peço! E, se Deus for como minha mãe, Ele me perdoará! Mas como encontrá-lo? – falou chorando Tião. – Será que Deus está no posto de socorro, que só conheço de longe? Oh, meu Deus! Perdoe-me!

Tião levantou-se. Carlos abriu um círculo magnético e ele volitou. Seguimos seu caminho. Foi até o posto de socorro perto da Crosta e bateu ao portão:

– Abram! Quero pedir perdão a Deus! Quero ser bom! Socorram-me em nome de Deus e de minha mãe!

Carlos emitiu, em pensamento, pedido de ajuda aos trabalhadores do posto, inclusive para abrirem o portão. Vendo-o aberto, Tião entrou correndo. Carlos tornou-se visível para ele e o atendeu:

– Entre, irmão Sebastião! Deus está aqui e em toda parte. Você aprenderá a vê-lo em todos e em tudo, até dentro de você. Seja bem-vindo entre nós!

Chorando, Tião deixou que Carlos o abraçasse e foi conduzido para o interior do posto. Os fluidos salutares fizeram com que ele sentisse sono e exclamasse:

– Tenho sono! Meu Deus! Quanto tempo faz que não tenho a bênção do sono para esquecer...

Dormiu nos braços de Carlos e o levamos para a colônia, onde seria encaminhado para uma escola de recuperação.

– Amor! Que bonito sentimento tem a mãe de Tião para com ele! – exclamou Cibeli.

– É verdade – completou Carlos. – Quando uma mulher purifica seus sentimentos e ama grande e sabiamente os filhos, planta no espírito deles a boa semente, que um dia germinará. Tião estava perdido no mal e com más companhias, por isso não conseguia fazer brotar a semente que, amorosamente, a mãe plantou nele. Diante de um amor materno puro, poucos são os que não se curvam.

Na maternidade, tem a mulher grande oportunidade para amar, auxiliando os que temporariamente são seus filhos a se redimirem. O amor materno é um dos mais puros sentimentos que nós, humanos, podemos sentir ou ter. Infelizmente, muitos não conseguem isso.

– Honória! Onde está? Velha idiota!

Mayo gritava alto, proferindo palavrões, e, como não foi atendido, fez terríveis ameaças. Aproximamo-nos da varanda. Ramu e Caixão vieram correndo e logo veio também Raquek, Asec e Isabelita.

– Que aconteceu, Mayo? Pare de gritar! – falou Raquek em voz baixa.

– Honória sumiu – respondeu, abaixando o tom de voz, mas bastante nervoso.

Ao escutar a resposta, Raquek foi rapidamente para o local onde deveria estar Ana; segundos depois, escutamos:

– Ana também sumiu! Ana não está aqui!

Voltou para a varanda e Asec indagou:

– Sumiram? Ninguém some assim, só por sumir. Quem não está aqui está em outro lugar.

– A corrente que foi colocada no pé de Ana está aberta – explicou Raquek, demonstrando certa intranqüilidade.

– Vamos analisar esses sumiços friamente – falou Asec, calmo. – Vocês já as procuraram?

– Não procurei – replicou Mayo. – Honória atende-me sempre, de onde estiver, vindo quando a chamo.

– Vocês aí, sabem de alguma coisa? – indagou Asec aos que ficaram. – Não sabem? Onde estão os outros, Lemão e Tião? Não confio muito nesses dois. Ramu, vá procurar os dois pela chácara e por onde costumam ir. Você, Mayo, em vez de gritar, vá procurar Honória, que só pode estar visitando os filhos ou não ouviu você chamar por causa da tempestade forte que hoje houve no umbral. E você, amigo Raquek, não se preocupe, pois Honória deve ter levado Ana para passear. Se não foi por causa disso, ela só pode ter fugido, e Honória com medo saiu à sua procura. Pensando bem, se Ana fugiu, só pode estar na casa em que vivia quando encarnada, com algum parente ou amigo encarnado. Vão procurá-las.

Aparentando estarem mais calmos, Mayo e Raquek volitaram. Ramu saiu em direção aos fundos da casa e Caixão ficou sozinho na varanda, enquanto Asec e Isabelita retornaram ao porão.

– Vamos isolar Caixão e levá-lo para o jardim – disse Carlos.

Jogamos uma rede magnética nele. Ele ficou tonto e perdeu os sentidos, ficando à beira de um desmaio para os encarnados. Fechamos a rede e o levamos para o nosso canto no jardim. Mauro ficou a vigiá-lo.

Retornamos à varanda e não esperamos muito: Ramu voltou e, logo em seguida, Raquek, a gritar por Asec, que veio logo.

"É estranho esse mago. Estava preocupado, mas continuou a agir do mesmo modo: calmo e frio", pensou Raquek.

Depois, ele olhou bem para os dois companheiros, observando tudo, a varanda, o jardim, a casa, e disse:

– Nada, Asec! Ana não estava lá nem esteve. Não gosto disso! Que pode estar acontecendo? Ramu também não encontrou os outros, e Caixão, que ficou aqui, também sumiu. Acha que pode ser seu rival?

Asec parecia pensar; após alguns segundos, respondeu:

– Não, não é! Se fosse, eu sentiria. Não conseguiria estar aqui sem que eu soubesse; depois, ele iria querer a mim, e não aos que me acompanham. Volto ao laboratório. Vou tentar saber o que há. Se Mayo voltar com notícias, avise-me.

Asec desceu rapidamente ao porão e Carlos fez sinal para que o seguíssemos. Vimos, com espanto, que o mago pegava seus pertences com rapidez e os colocava numa sacola. Estremeceu quando entramos. Rapidamente, pegou a mão de Isabelita, que estava muito assustada, e ambos desapareceram de nossas vistas, volitando. Asec despediu-se. Não o víamos mais, mas escutamos sua voz demonstrando calma, falando baixo:

– Carlos, você e seu bando não me pegarão! Não dessa vez! Sou mais esperto que vocês, bobocas do Bem! Talvez um dia o enfrente, mas devo aprender a vencê-lo. Adeus!

– Asec e Isabelita foram embora? Como Asec conseguiu perceber nossa presença? – indagou Leila.

– Fugiram juntos. Vejam, ele levou tudo o que lhe poderia ser útil. Só deixou os companheiros, confirmando o grande egoísta que é. Entretanto, não menosprezemos os conhecimentos de Asec, pois ele é estudioso. Percebeu nossa presença. Acredito até que nos tenha visto, porque, com o sumiço de alguns membros do grupo, sentiu que somente nós, os socorristas, poderíamos estar aqui. Quanto a saber meu nome, deve ter ouvido um de vocês falar.

– Vamos atrás dele? – quis saber Fabiano.

– Não. Asec fugiu, abandonou o local, e creio que não voltará. Nossa missão consiste em ajudar Nely e afastá-la desses desencarnados. É claro que ajudaríamos melhor encaminhando-os para o Bem, porém ir atrás de Asec, que se afastou daqui, seria outro trabalho, para o qual deveríamos ter permissão. Quanto a querer preparar-se para enfrentar-me um dia, talvez tenha se esquecido de que não estarei ocioso, pois evoluo todos os dias, e, se ele nesse período aprender e tiver dado dez passos, terei dado doze. Porém, esses espíritos não gostam de enfrentar os servos de Jesus porque sabem que o Bem é mais forte, e por isso fogem de nós, como de sua consciência. Não nos preocupemos com ele, Fabiano, pois esse tipo de vida que Asec leva fará com que ele se canse e procure um dia a Verdade e a Paz no Bem.

José, o Caixão

Voltamos à varanda. Ramu e Raquek nada perceberam. Observei Ramu. Era um tipo bem estranho e feio, de rosto comprido. Estava sempre com a cabeça inclinada para a frente do corpo. Possuía olhos frios como aço, sorriso cínico e só tinha os caninos; de lábios finos, era alto e magro e tinha as mãos desproporcionais e as unhas longas e finas. Vestia roupas largas de tons amarelo forte e roxo. Notamos ainda que se pervertera na sexualidade.

Conversava com Raquek em voz baixa:

– Não estou gostando disso, Raquek. Tenho Asec por chefe e gosto de Mayo como companheiro de muitas épocas; se ainda estou aqui, é por eles. Vou só esperar Mayo chegar e, conforme as notícias, me mandar.

– Desconfio do rival de Asec e estou com você. Vou embora daqui também. Asec que se vire. De qualquer jeito, encontro Ana, e, se não conseguir, não me importo, porque já me cansei dela. Está perturbada e não há meio de fazê-la voltar à razão.

– Vai deixar a doida da Nely, Raquek?

– Por que não? Nada tenho com ela.

– A menina vai sentir sua falta, pois se acostumou com você.

– Que se dane! Aqui vim temporariamente. Sempre quis voltar para a Europa e gostaria que Ana melhorasse para irmos juntos. Planejava partir em breve, mas agora acho que partirei já. Se Nely sentir minha falta, azar dela!

Mayo regressou nervoso e falou apressado:

– Nada! Ninguém viu Honória por lá. Vocês a encontraram?

– Não – respondeu Raquek. – Desçamos ao porão. Parece que Asec não nos escuta.

Desceram e se espantaram. Mayo falou, irado:

– Fugiu! Se Asec levou seus apetrechos, fugiu, e só com Isabelita. Covarde! Está sempre escapando. É melhor irmos também. Quem será que nos persegue?

Os três estavam perto um do outro. Olhavam o laboratório, preparando-se para volitar e fugir. Jogamos uma rede magnética neles, e Mayo ainda exclamou:

– É tarde! Prenderam-nos! São os do Cordeiro!

Perderam os sentidos. Ajeitando-os na rede, volitamos, levando-os para o centro espírita onde seriam doutrinados por meio da incorporação.

Carlos explicou-nos:

– Esses três só diante de uma força maior para entregarem-se ao Cristo. Conversar com eles seria perda de tempo.

Os trabalhadores do centro espírita receberam-nos com alegria. O local não era grande, porém bem organizado, tanto no aspecto material como no espiritual. Deixamos os três adormecidos, com a informação de que seriam atendidos naquela mesma noite. Voltaríamos para a reunião e vibraríamos em favor da recuperação deles.

Voltamos à casa de Nely quando ela saía para a escola. Estava séria como sempre.

– Parece que não sente falta dos companheiros desencarnados – falou Fabiano.

– Ainda não – explicou Carlos. – Acho que nem sempre eles a acompanham à escola.

– Não é perigoso afastar Raquek de Nely dessa forma? – indagou Toninha. – Afastar assim o obsessor não seria prejudicial à menina?

Carlos, bondosamente, respondeu:

– Uma desobsessão rápida não é aconselhável, porque, numa obsessão, o desencarnado e o encarnado estão tão ligados que separá-los bruscamente é como cortar um fluxo de sangue. A obsessão tanto pode ser amorosa como por ódio, porém sempre envolve sentimentos fortes, que fazem um necessitar do outro. Não é o que ocorre no caso de Nely. Raquek não a ama nem a odeia, mas a usa para uma finalidade. Nely, por sua vez, tem em Raquek a segurança de realizar seus anseios. Ela também não tem um vínculo de sentimentos com ele. Ambos têm interesses: ele queria um local para Ana ficar, e Nely quer que ele a sirva. Pelo que Raquek disse a Ramu, ia deixá-la de qualquer forma, e, se não o imobilizássemos, ele fugiria. Preocupo-me é com Nely, que está muito desarmonizada e infeliz.

– Será que não sente remorso por ter matado o pai? – indagou Leila.

– Não me parece nem um pouco arrependida – continuou a elucidar-nos Carlos. – Somente as boas ações proporcionam harmonia. Erros e maldades nos distanciam das Leis Divinas, fazendo-nos infelizes. Vamos ver Caixão.

Mauro estava sentado ao lado de Caixão, que ainda estava sem sentidos. Observei-o e reparei que era o mais feio deles: careca no alto da cabeça e com cabelos ruivos compridos até a metade das costas. Tinha o perispírito deformado pelo hipnotismo, e notávamos que não se importava com o aspecto que tinha, pois sabia que Asec facilmente poderia transformá-lo. Possuía orelhas grandes, nariz largo, boca saliente e rosto peludo, parecendo-se com um cachorro. Trajava roupas de couro, calça curta e colete marrom. Seus pés pareciam patas de cavalo, mas suas mãos eram normais.

Carlos observou-o, leu sua memória e elucidou-nos:

– Caixão cometeu vários crimes e há muito está ligado ao Mal. Tem esse apelido desde encarnado. Seu pai possuía uma serralheria onde fazia também caixões de defunto: era uma pequena e simples funerária. Desde pequeno gostava de brincar com os caixões e de dormir dentro deles; daí o apelido. Herdou o que era do pai depois de enganar a mãe e os irmãos. Casou-se, porém não conseguiu manter vínculos de amor, só de ódio. Teve filhos, mas nunca se importou com a família e, por ser farrista e mulherengo, teve muitas amantes. Uma delas era mulher de um fazendeiro da região, que descobriu e planejou vingar-se, ainda mais porque soube que Caixão estava cortejando sua filha. Começou a segui-lo de longe. Certa noite Caixão bebeu demais e, em vez de entrar em casa, entrou na serralheria. O fazendeiro e o filho cuidadosamente entraram lá e o encontraram dormindo dentro de um dos caixões. Friamente, os dois fecharam a tampa, levaram-no para a carroça e partiram. Na estrada, num lugar deserto, cavaram um buraco, onde colocaram o caixão com ele dentro, jogando pedras e terra por cima. Caixão, acostumado a dormir dentro de caixões, nada percebeu, porém acordou sufocado, desesperado e desencarnou em seguida. Ninguém soube o que ocorreu com ele nem do crime, por isso foi dado como desaparecido, para a tranqüilidade de seus familiares. Muitos achavam que ele tinha ido para o Inferno com corpo e tudo. Ao desencarnar, foi perseguido por espíritos que o odiavam, mesmo transformado como está. Porém, soube vencer os que o perseguiam, inclusive porque cursou a escola de vingadores, no umbral. Passou a perseguir o fazendeiro mesmo depois de ele ter desencarnado. Depois de algum tempo, o fazendeiro foi socorrido, mas Caixão está esperando que ele reencarne para vingar-se novamente. Agora serve a Asec, porém continua farrista e mau.

Fizemos com que Caixão acordasse para conversarmos com ele.

Despertou inquieto, sem conseguir entender o que lhe acontecia, e indagou:

– Ramu, que brincadeira é essa? Quer briga? Sabe bem que Asec não quer brigas entre nós.

Tornamo-nos visíveis; ele, então, olhou-nos por instantes e assustou-se, porém logo se controlou e falou cinicamente:

– Pelas barbas do profeta! Quem são vocês? Intrusos? Que querem de mim?

– Somos emissários do Bem. Queremos conversar com você, José – respondeu calmamente Carlos.

– Como sabe meu nome? Já havia até esquecido. É certo que fui batizado com o nome de José. Engraçado – riu alto –, batizado. Que importa o batismo? O umbral está cheio de pessoas batizadas. Prefiro ser chamado de Caixão. Mas por que me prenderam? Estou quieto e não interfiro em nada de vocês!

– Esta casa é sua? Nely é de vocês? – indaguei.

– Ora, é isso! – retrucou Caixão. – Nely é mais nossa do que de vocês. É assassina, má e ótima companheira.

– Vocês ajudaram a matar o pai dela – expressou Leila.

– Nunca vi serviço tão fácil... Porém, se é esse o problema, podem soltar-me. Vou embora e vocês ficam com o "anjinho" – falou, debochando.

Carlos respondeu calmamente, com voz harmoniosa e agradável:

– Queremos ajudá-lo. Você, sendo inteligente, sabe que a forma de vida que está levando é uma plantação e que não se livrará da colheita. Não teme? Terá que reencarnar, e já pensou como será sua vida?

– Não gosto de pensar nisso. Deixem-me sair! Posso fazer uma troca: soltem-me que lhes digo onde está escondida uma riqueza.

Carlos continuou a falar-lhe, tentando doutriná-lo!

– Não estamos interessados em riquezas materiais, pois isso afeta apenas encarnados ambiciosos e para nós não tem serventia. Se gosta de trocas, veja onde moramos, conheça outra forma de viver e troque seu modo de proceder.

Mauro projetou imagens da colônia na tela que levara, mostrando os jardins, as fontes de água pura e cristalina, os prédios, a escola para onde ele iria e os desencarnados que lá vivem felizes.

Caixão no começo tentou não dar atenção, mas a curiosidade foi mais forte, e acabou admirando tanto que até se assustou com a pergunta de Leila:

– Então, José, vamos para lá?

– Nunca pensei que fosse tão bonito! Não julgava os bons com tanto bom gosto! Sei que para ir a esse local terei que renunciar às vinganças, à vida ociosa, aos meus amigos. Terei que obedecer às regras de lá, não é? Acho que não quero ir.

Fabiano argumentou:

– Vingar-se! Quando age assim, você faz o mal aos outros e a si próprio. A vingança é uma faca que corta dos dois lados. Não pensou ainda, José, que mereceu o desencarne que teve? Não foi você o primeiro a ofender seu assassino? Não o desonrou, fazendo da esposa dele sua amante? E não queria também sua filha?

– Como sabem disso? Isso não é assunto de vocês!

Carlos falou calmo, mas com autoridade:

– Não gosta de recordar seus erros? Só aprecia ver-se como vítima? Foi enterrado vivo, mas não fez algo parecido com seu pai? Não o embebedou e o sufocou com um travesseiro para ficar com a serralheria?

Seu desencarne foi colheita do que você plantou, por isso não tem por que se vingar. Já pensou, José, como será o restante de sua colheita? Recomece agora, aproveite a oportunidade, volte-se para Deus, peça perdão e abandone essa forma de vida que leva. Seus amigos já foram; só resta você aqui. Asec fugiu, abandonando-os, e os outros partiram conosco.

Caixão ficou quieto por instantes, observou a casa, chamou os amigos mentalmente e, por não obter resposta, entendeu que era verdade, que estava sozinho conosco. Pensou em tudo o que vira e ouvira, indagando em voz baixa:

– Que posso fazer com vocês?

Toninha respondeu:

– Conhecerá o Bem para praticá-lo. Você o aprenderá numa escola especial, onde se preparará para trabalhar conosco ou para reencarnar.

– Gosto tanto da Grécia! Lá encarnei muitas vezes e gostaria de voltar para lá!

– Poderá fazê-lo depois de cursar a escola – falou Carlos. – Porém, vamos primeiramente transformá-lo no que era antes.

– Não precisa. Eu mesmo me transformo.

Para nossa surpresa, Caixão foi se transformando e seu aspecto passou a ser o de um homem comum. Falou com sinceridade:

– Vou com vocês, mas posso mudar de idéia e dar-lhes trabalho.

Carlos sorriu e disse:

– Acompanhe-nos, José, e comece uma nova fase, renascendo para a verdadeira vida, para o Bem.

Carlos levou-o para a colônia e voltou em seguida. Cibeli indagou:

– Carlos, Caixão não dará trabalho na escola?

– José conhecerá outra forma de viver. A escola é para receber, acolher indivíduos como ele e, por isso, está preparada para transformá-lo. Não terá tempo para causar problemas porque vai ser estimulado para trabalhos e estudos interessantes. Creio na sua transformação.

"Amigos, nosso trabalho não terminou ainda, pois nos falta levar para a escola os três que serão doutrinados no centro espírita e cuidar de Nely. Aguardaremos aqui até a hora de irmos à reunião. Faremos rodízio para ficar com Nely e veremos se ela aceita um de nós ao seu lado."

– Eu quero ser a primeira – disse Cibeli, alegre. – Porém, explique-me antes, Carlos, por que você diz sempre "doutrinado", e não "evangelizado"?

– Evangelizar um espírito é tentar fazer com que ele se modifique pelo Amor, pela moral evangélica. Doutrinar é mostrar ao desencarnado perturbado no Mal que a Lei do Carma existe e que um dia ele sofrerá, como fez e faz outros sofrerem. Nosso amigo dirigente do centro espírita onde eles serão doutrinados é, além de evangelizador, um doutrinador que tudo faz para encaminhar esses irmãos trevosos para o Bem, com a moral cristã e também com sua força mental.

Nisso Nely chegou da escola, sentou-se silenciosamente para almoçar, foi quando nos aproximamos dela. Repeliu-nos, ficou inquieta e alimentou-se pouco, indo para o quarto em seguida. Cibeli acompanhou-a.

Valdeci Silva

A história de Carlos

Voltamos para nosso canto no jardim e, por instantes, ficamos silenciosos. Observei Carlos, sempre tranqüilo, amoroso, e achei que sua vida poderia nos servir de exemplo. Com certo atrevimento, falei:

– Carlos, todos nós temos uma história. Conte-nos sua vida.

Todos se interessaram, confirmando meu pedido, e Carlos narrou-nos:

– Muitos indagam: "Que nos importa o passado? O passado passou". Mas não é assim, porque somos o que vivemos, somos fruto do passado, seja ele bom ou mau, e nossa graça é Deus ser bom e misericordioso. Do fruto mau que fomos, temos a oportunidade de torná-lo bom, até de ser útil e agradável. Não fugi à regra: vivi como um mau fruto e, através das existências, fui tornando-me bom e, por meio do sofrimento, fui tornando-me útil. Fui bruxo, porém das maldades que fiz ficou a lição para desmanchá-las e que hoje me faz ter compreensão para ajudar os magos do Mal. De comerciante corrupto, passei a ter piedade para com todos os ladrões. O fato de ter sido usurpador, caluniador e invejoso me fez entender os defeitos humanos, desprezar os vícios e amar os pecadores. Desencarnado, fui vampirizador, além de perturbado e muito sofredor, mas agora tenho a graça de ajudar os maus e recuperá-los, como fui ajudado. Mas, depois de ter abusado do meu livre-arbítrio, colhi o que semeei e, por não ter plantado nada de bom, colhi sofrimentos. Como leproso, despi o orgulho; mudo, aprendi a não caluniar; médium, fiz o bem para reparar o mal que pratiquei como feiticeiro. Morri na Inquisição, e o fogo queimou o resto de meus vícios.

"Contarei a vocês minha história, meus amigos, começando por minha última existência, porque foi nessa encarnação que encontrei vários espíritos a mim ligados pelo ódio ou pelo amor. Até os treze anos, minha vida foi tranqüila junto de meu pai e de Maria, minha ama. Meu pai e eu dávamo-nos bem; éramos muito amigos. A única preocupação dele em relação a mim era que eu via espíritos e com eles conversava, e também pelas muitas visões que eu tinha e que ele não conseguia entender. Com medo da Inquisição, que era violenta naquela época na Espanha, ele fez-me prometer não contar o fato a ninguém, e, por isso, só comentava com ele.

"Meu pai era forte, mas de repente adoeceu, fato que me preocupou muito porque, numa visão que tive, ele estava morto. De fato foi enfraquecendo e não conseguia esconder de mim sua tristeza. Numa tarde, chamou-me e disse, sério:

"'Estevão, sempre fiz você pensar que era órfão de mãe, porém não é verdade. Ela está viva. Soube há pouco tempo que enviuvou, e escrevi a ela contando que adoeci gravemente e que você não tem ninguém com quem ficar quando eu morrer. Hoje Margarida, este é o nome de sua mãe, respondeu à minha carta pedindo que o leve para lá. Preste atenção, meu filho, amo você e, até quando Deus permitir, ficarei a seu lado. Porém, sinto que morrerei logo, pois meu corpo enfraquece e as forças me abandonam. Entretanto, Estevão, nunca perca a fé em Deus, como também nunca conte que vê coisas que ninguém vê. Prometa-me, filho.'

"Afirmei com a cabeça, segurando-me para não chorar, e meu pai continuou:

"'Vou contar-lhe nossa história. Morava em outro sítio; era vizinho de sua mãe. Mocinho ainda, fiquei órfão de mãe e, por motivo banal, meu pai brigou com o pai de Margarida, tornando-se inimigos. Conhecera Margarida, recordava-me dela como menina, mas um dia encontramo-nos no bosque perto de nossa casa, surpreendemo-nos e apaixonamo-nos. Por muito tempo encontramo-nos às escondidas, no bosque. Nesse tempo, meu pai, de um mal súbito, desencarnou e fiquei sozinho com os empregados. Logo depois, Margarida, aflita, contou-me que esperava um filho; propus que fugíssemos para casar, porém ela não quis, dizendo ter medo do pai. Por coincidência, o pai dela partiu para uma viagem demorada e, com o auxílio da mãe, ela teve você. Mandou-o, então, para mim com um bilhete terminando tudo entre nós e pedindo-me que criasse você. Maria, que já trabalhava comigo, cuidou de você. Amava muito Margarida e não me conformei com sua decisão. Enfrentando perigo, escalei a janela de seu quarto, ouvindo dela mesma que ela não me amava e não nos queria. Voltei triste e consolei-me com você, colocando-lhe o nome do primeiro dos mártires do Cristianismo: Estevão.

"'Pouco tempo depois, sabendo que Margarida ia casar-se, resolvi mudar-me, ir para longe e iniciar com você nova vida. Vendi a propriedade e estabeleci-me aqui, juntamente com Maria, sempre bondosa a cuidar de nós. E agora vendi tudo o que temos e converti em moedas de ouro, que estão nesta caixa e são suas. Guarde-as com cuidado, porque servirão para que se estabeleça no futuro. Maria ficará com você e o continuará ajudando até que um dia possa você olhar por ela. Partiremos amanhã cedo.'

"Enquanto meu pai falava, apareciam-me visões. Vi o passado; em outra existência, meu pai fora casado com Maria. Eram ricos e tinham filhos fortes e bonitos. Eu vivia como criado deles e era mudo. Um dos filhos deles matou numa briga um fidalgo e correu para casa, contando aos pais. Para defender o filho, vestiram-me com as roupas do filho assassino e entregaram-me aos soldados, dizendo que eu era o culpado. Não podendo gritar minha inocência, os soldados, cientes que eu era o criminoso, mataram-me.

"Meu pai apertava-me a mão.

"'Entendeu tudo, Estevão? Prometa cuidar de Maria.'

"Olhei bem para meu pai. Foram, Maria e ele, maus comigo no passado, porém nessa existência tudo fizeram por mim.

"Ama-me muito, não é, meu pai? Também o amo! Cuidarei de Maria. Prometo.

"No outro dia, bem cedinho, partimos. Papai padecia com a viagem, e fomos de carruagem, parando sempre para que ele descansasse. Tinha ele trinta e dois anos, porém aparentava muito mais, pois estava magro e cada vez mais fraco. Maria ajudava-o em tudo, nutrindo um amor maternal por nós dois. Tinha ela quarenta e dois anos, era feia, morena escura, mas muito simples e boa.

"Perto da cidade em que minha mãe morava, meu pai desencarnou. Sofri muito, fizemos seu sepultamento e, em seguida, Maria e eu continuamos a viagem.

"Minha mãe morava num sítio perto de uma boa cidade, e herdara do esposo uma criação de cavalos, que era sua renda. Era um lugar muito bonito, com a casa-grande rodeada por um belo jardim. Cheguei assustado, de mãos dadas com Maria, e entrei com medo. Uma mulher jovem ainda, linda, recebeu-me abraçando-me. Era minha mãe.

"Sentia-me uma ave estranha em ninho novo. Depois de ter cumprimentado Maria, minha mãe disse-me:

"'Estevão, que lindo é você! Sejam bem-vindos! Entretanto, necessito da compreensão de vocês. Disse a todos que você é filho de uma prima que faleceu e que ficará por pouco tempo. Seria um escândalo contar a verdade, por isso até para meus filhos menti, mas falarei a eles logo que for conveniente. Espero que me compreendam.'

"'Sim', disse Maria.

"Nada respondi. Senti-me rejeitado, pois estava com minha mãe e não poderia chamá-la assim.

"Conheci meus outros irmãos, dois meninos e uma menina: Simão, Artur e Madalena. Foram amáveis comigo, simpatizei com eles e gostei muito de Artur.

"Maria foi alojada na ala dos empregados, e meu quarto seria perto do de Simão. Pedi a dona Margarida para ficar com Maria e, meio a contragosto, ela deixou. Assim, fiquei como hóspede na ala dos serviçais.

"Percebi que minha mãe não estava bem financeiramente e confirmei isso quando a vi conversando com um senhor na sala. Instintivamente, escondi-me e ouvi a conversa. Exigia ele de minha mãe o pagamento da dívida, senão tomaria tudo o que ela tinha: o sítio, a criação de cavalos e a casa. Minha mãe implorou para que tivesse paciência, pois mandara vender as jóias e pagaria tudo.

"O senhor, loiro, de bigodes e muito antipático, ameaçava minha mãe com uma certa satisfação, então os vi no passado. Era ele, outrora, um comerciante; estava sujo e amarrado diante de minha mãe, que o acusava:

"'Foi você, ladrão! Entrou em minhas terras para roubar-me. Aqui mando eu! Vai ser castigado. Perderá o que transporta!'

"Só porque o mercador entrara sem autorização nas terras da baronesa, ela mandou castigá-lo com chicotadas, ficando com tudo o que era dele; mandou, depois, abandoná-lo na estrada.

"Agora, ele era o senhor nas posses da dívida e cobrava sem piedade, ameaçando tirar tudo o que ela possuía.

"Quando ele foi embora, saí do meu esconderijo e fui até minha mãe, que chorava.

"'Meu filho!', suspirou triste. 'Em que má hora veio até mim. Não tenho como pagar a dívida e perderei tudo. O dinheiro que receberei das jóias é pouco, e mal dará para comprar uma casinha, mas do que viver?'

"Corri ao meu quarto, peguei a caixa com o dinheiro que meu pai me entregara e tirei a quantia que daria para pagar a dívida, guardando o pouco que restou. Levei o dinheiro para minha mãe.

"Meu pai não morreu pobre. Deixou-me este dinheiro que lhe dou para que a senhora pague tudo.

"'Não posso aceitar, meu filho, esse dinheiro é seu.'

"Se a senhora não tiver lugar para morar, nem eu terei. Se não tiver do que viver, nem eu terei. Aceite!

"Mamãe hesitou, mas depois o pegou e beijou-me, agradecida:

"'Obrigada, Estevão! Aceito como dívida. Darei a você um título e pagarei tudo mais tarde. Com o dinheiro da venda das jóias, aumentarei a criação e logo terei dinheiro para pagá-lo. Obrigada, meu querido.'

"Naquele dia mesmo, deu-me o título que guardei na minha caixa.

"Com o resultado da venda, minha mãe aumentou a criação de cavalos e nossa vida continuou normal. Estudava com meus irmãos e continuava a dormir com Maria. Minha mãe não me pagou nem falou mais no assunto, nem eu.

"Só sentia o fato de continuar a ser o filho da prima falecida.

"Artur e eu tornamo-nos grandes amigos, embora ele fosse mais novo do que eu três anos. Só ele sabia que eu era seu irmão, pois ele mesmo descobrira por ser também dotado de faculdade mediúnica.

Quando me confessou os dons que possuía, contei-lhe os meus, e isso nos uniu mais ainda. Dona Margarida proibira Artur de falar sobre o assunto, do mesmo modo que meu pai o fizera, temendo a Inquisição.

"Continuava cada vez mais a ter visões, bastando olhar para uma pessoa para ver seu passado, suas vidas ou sua existência anterior. Entre brincadeiras, vi o passado de minha irmã. Fora ela, em encarnações passadas, minha escrava e odiara-me, depois viera como minha filha e reconciliamo-nos, porém não chegamos a nos amar; agora éramos indiferentes.

"Também já vivera com meu outro irmão, Simão, no século doze. Cavaleiros-guerreiros, fizemos muitas maldades e sofremos por isso. Agora juntos, caminhando para o progresso, éramos amigos, mas não unidos.

"Via o passado de todos os que me rodeavam: do professor, dos empregados...

"Sempre fiel à promessa que fizera a meu pai, só comentava o fato com Artur, porque ele possuía problemas parecidos.

"Tínhamos uma serva que era muito feia e que mancava, puxando a perna direita. Um dia, ela caiu com uma bandeja ao servir o desjejum. Limpou chorando a sujeira do chão. Vi seu passado como uma rainha orgulhosa e ociosa que desprezava os deficientes físicos, proibindo até que entrassem em seu castelo.

"Descobri, com minhas visões, que sempre pagamos pelos nossos erros, que todo abuso tem punição. Pensei muito no que deveria ter feito para estar órfão de pai e ser estranho no lar de minha própria mãe. Recordei meu passado e enxerguei tudo com perfeição, como se o estivesse vivendo novamente.

"Naquela encarnação, fora mulher. Na adolescência, tive uma filha, que coloquei num cesto de serragem que usavam para acender o fogão na casa de minha patroa. Pela manhã, ela encontrou a criança e a criou entre os servos. Nunca me aproximei dela, temendo ser descoberta, entretanto procurava saber sempre como ela estava. Quando completou dezoito anos, ela foi expulsa da casa em que servia por estar grávida.

"Fui procurá-la, encontrei-a ao relento e levei-a para casa, dando-lhe um quartinho no fundo do quintal como abrigo, pois não podia deixá-la dentro de casa por causa de meu marido, que de nada sabia. Contei a ela quem era e pedi-lhe perdão.

"'É tão difícil desculpá-la', disse-me chorando. 'Queria muito uma mãe, mesmo que fosse a mais pobre e feia; queria alguém que me amasse. Cresci sem carinho e fui me apaixonar pelo filho da patroa, de quem engravidei; por isso fui expulsa.'

"Vi-a triste, enfraquecer-se; ao dar à luz, morreram ela e a criança.

"O filho da patroa fora meu pai. Minha filha era agora a minha mãe, Margarida, que se esforçava para me amar, mas acho que não conseguia. Por isso, sabia, sentia que não poderia contar muito com ela. Abandonara-me uma vez e não hesitaria em abandonar a segunda.

"Estava com vinte anos e, juntamente com meus irmãos, ajudávamos mamãe no sítio, que prosperava muito. Comecei a namorar uma moça da vizinhança, pensava em me casar e parecia que tudo ia bem.

"Por outro lado, Artur não conseguia dominar seus dons, pois, ao ver alguém doente, impunha-lhe as mãos e curava. Logo vieram os comentários e ele começou a ser procurado às escondidas.

"O senhor ex-credor de minha mãe denunciou-nos à Inquisição. A denúncia era de que alguém de nossa casa, com o poder do demônio, curava as pessoas.

"Minha mãe foi presa.

"Ficamos desesperados, porque sabíamos que Artur seria preso e morto.

"Muito triste, tentei achar uma solução. Orei com fé e, então, vi meu passado em que estivera com Artur.

"Éramos amigos, moços da mesma idade. Certo dia, ao voltar de uma festa, fomos assaltados. Entretanto, um de nossos companheiros conseguiu escapar e sabíamos que procuraria socorro. Fomos despojados de todos nossos pertences, e os ladrões, ao partirem, acharam conveniente levar um dos nossos como refém.

"O chefe disse, apontando-me:

"'Vamos levar este como prisioneiro porque, se os soldados vierem atrás de nós, não nos atacarão por causa do refém. Você aí, vem conosco.'

"Tratei de safar-me, entregando Artur:

"Pobre de mim! Nada sou e os soldados não ligarão para minha vida. Este, sim, é filho do Barão de V., amigo do Rei.

"Levaram Artur, que me olhou tristemente, sendo encontrado pelos soldados três dias depois, morto sob tortura.

"A recordação do olhar triste do meu amigo de outrora, irmão agora, encheu-me de remorso, dando-me vontade de fazer algo por ele.

"Bastou a notícia correr sobre a prisão de minha mãe para todos temerem e afastarem-se de nós. Recebi um bilhete de minha namorada terminando o namoro. Pensei muito e decidi que deveria agora salvar Artur. Sem contar o que iria fazer, dei à Maria a caixa com as moedas de ouro que me restaram e escrevi um bilhete para minha mãe. Escrevi pouca coisa: que minha decisão fora muito pensada, que tudo deveria continuar bem e que cuidasse de Maria. Coloquei junto o título da dívida.

"Deixei com Maria, para que lhe entregasse.

"Artur, vou entregar-me à Inquisição, pois, se alguém aqui faz curas, esse alguém sou eu.

"'Está louco! Não pode mentir assim. Sabe o que o espera se disser isso?'

“Tenho, meu irmão, uma dívida para com você. Deixe-me pagá-la.

“‘Você anda vendo de novo o passado! Não é justo! Não estou a cobrar, por isso eu é que irei me entregar.’

“Artur, se fizer isso, morrerá. Sua mãe, Simão e Madalena sofrerão torturas e tomarão tudo de vocês, deixando-os na miséria. Se eu me entregar, nada lhes acontecerá, porque sou um servo da casa.”

“‘É sacrifício demais, meu irmão, por isso pense mais um pouco. Agradeço comovido. Se me salvar dessa, Estevão, vou partir para longe, para não mais colocar a vida dos meus em perigo, já que não consigo controlar meus dons.’

“Quando curar, faça-o por mim. Você alivia as dores também, mas eu só vejo o passado, tenho lá minhas visões, o que não é útil para ninguém. Você, sim, é necessário.

“Abraçamo-nos.

“Artur pensou que eu ainda iria meditar sobre o assunto; entretanto, saí de casa e fui me entregar.

“Minha mãe já começava a ser torturada. Quando me entreguei, ela foi libertada e nada aconteceu a ninguém, a não ser terem de pagar à Igreja rezas e missas para limpar a casa de minha influência.

“Confessei todas as acusações que me fizeram na presença de minha mãe, que escutava calada, nada fazendo para me defender. Por ter confessado, não me torturaram, porém fui condenado a morrer na fogueira no dia seguinte, que era data já marcada para outra execução.

"Logo que amanheceu, fui levado com outros condenados para a praça e amarrado a um poste de madeira. Enquanto esperava que acendessem o fogo, vi-me no passado longínquo, em tempos bárbaros, ajudando a bloquear janelas e portas das casas de uma aldeia para depois incendiá-las com os moradores dentro.

"Acenderam o fogo. Muitos gritavam, pois as queimaduras doíam muito. Gritei também, mas senti que Artur orava por mim e uma paz invadiu-me. Orei e não me desesperei, desencarnando após muito sofrimento com o nome de Jesus nos lábios.

"Fui socorrido imediatamente por espíritos bondosos, e, assim, a morte de meu corpo deu-me alívio e felicidade. Encontrei-me com meu pai e adaptei-me facilmente à vida espiritual. Vi Artur partir para longe da família e fazer uma cabana onde era seu lar e o lar dos infortunados, curando todos os doentes que o procuravam.

"Compreendi que eram verdadeiras minhas visões e, por isso, não fiquei magoado nem com a Inquisição nem com o Clero. Entendi que eram pessoas más e ambiciosas que agiam em nome de uma religião e que até os bons padres eram perseguidos.

"Sentia-me em paz porque fizera amizade com todos os que no passado magoara ou por quem fora magoado. Estive muito tempo desencarnado, porém, querendo progredir e construir meu futuro, reencarnei no Brasil, onde me tornei padre com o nome de padre Carlos. Oitenta e cinco anos servi a Jesus, educando infantes e jovens, procurando ensinar-lhes o Bem.

"Depois de desencarnar, pude ver, já na colônia, como eram atendidos os pedidos feitos à Virgem Maria e aos Santos, pois muito lhes pedi quando encarnado, orientando também outros a fazerem. Interessei-me tanto que, logo que pude, fui trabalhar no Departamento de Socorro a Encarnados, em que estou até hoje e quero ficar por muito tempo ainda."

Carlos calou-se. Estávamos tão encantados com sua narrativa que nenhum de nós ousou fazer comentários. Depois de alguns minutos de silêncio, Carlos falou:

– Amigos, é hora de irmos ao centro espírita. Mauro ficará com Nely.

A palestra

Chegamos ao centro espírita bem antes do início dos trabalhos, e o dirigente encarnado, senhor José Carlos, já estava presente, sentado na cabeceira da mesa, orando. A movimentação espiritual era grande. A equipe médica atendia os desencarnados doentes e a equipe de proteção estabelecia a ordem, dominando com fluidos magnéticos os desencarnados trevosos e bagunceiros para lá conduzidos com a finalidade de assistirem à reunião e serem doutrinados.

O ambiente tranqüilo cobria-nos de Paz, levando-nos à meditação. Fomos recebidos por Alexandre, que nos cumprimentou alegre e cordialmente, solicitando que ficássemos ao lado do doutrinador encarnado em local reservado a espíritos convidados que, como nós, iriam assistir à reunião. Alexandre inspirava simpatia e principalmente respeito aos irmãos inferiores, pois era alto, com cerca de dois metros e quinze, tinha um sorriso aberto e era muito forte. Ao deixar-nos acomodados, ele voltou para perto do dirigente do centro espírita e com ele permaneceu, juntamente com Artur, o guia do dirigente, espírito amável, gentil e de muita sabedoria.

Todos os espíritos em serviço no centro espírita movimentavam-se ordenadamente e com Amor. Trabalho ali era o que não faltava.

Examinei tudo, curioso e atento, observando que o local estava aberto a todos, encarnados e desencarnados, e que ninguém era barrado para receber ali orientação e ajuda. Irmãos com intenção de confundir ou perturbar entravam também, aquietando-se logo pelo respeito que os mentores espirituais e a equipe de proteção impunham.

Antes do início da reunião, o dirigente atendeu bondosamente as pessoas que lá buscam auxílio para seus males espirituais e materiais. Observei uma jovem senhora que entrou no centro espírita aflita e triste e sentou-se ao lado do dirigente encarnado, pondo-se a se queixar:

– Senhor José Carlos, tenho dezoito anos, estou casada há três e tenho dois filhinhos. Há uma semana, perdi um outro, pois abortei em virtude de ter levado uma surra de meu marido. Casei-me jovem, mas combinávamos bem. No entanto, de uns tempos para cá meu marido começou a beber e a me tratar mal.

Depois de algumas palavras de consolo, o senhor José Carlos deu-lhe um passe, e pudemos observar que o abdômen da jovem estava com manchas negras, predisposto a uma infecção. Ela mostrava-se abatida e fraca.

A equipe médica espiritual aproximou-se e, em conjunto com os encarnados, limpou o perispírito da jovem, retirando as manchas escuras; em seguida, com os fluidos do dirigente, foram fortalecidos os órgãos doentes. A jovem senhora suspirou aliviada, absorvendo os fluidos doados. O perispírito da moça inundou-se de luz, que lhe propiciou conforto e saúde. Assim que a jovem começou a receber o passe, uma equipe de espíritos visitou seu lar e de lá trouxe um espírito perturbado e mau que a perseguia.

Muitos desencarnados acompanham os encarnados às reuniões espíritas, mas outros, temendo os bons, não vão. O que foi trazido demonstrava não gostar de orações nem de reuniões espíritas. Veio imobilizado magneticamente, rindo e debochando, mas calou-se em seguida só de ver a equipe espiritual do centro espírita. Foi colocado na fila para que incorporasse em um dos médiuns da casa e recebesse a doutrinação.

Alguns minutos antes do início, tudo estava organizado, e as filas, formadas para a incorporação. Uma era de doentes que ignoravam sua situação de desencarnados e necessitavam de fluidos dos médiuns para que pudessem entender seu real estado. A outra fila era de desencarnados endurecidos pela maldade. Lá estavam, entre eles, o acompanhante da jovem mãe e os três que nos interessavam: Mayo, Ramu e Raquek. Estes olhavam tudo curiosos, no entanto havia outros com medo, e alguns tentavam aparentar indiferença.

Pontualmente, os médiuns foram chegando e formando um bom número de encarnados de boa vontade. Sentaram-se ao redor da mesa; no salão, imperava o silêncio entre os encarnados. Para nós, havia alguns gemidos dos doentes desencarnados.

O senhor José Carlos iniciou a reunião, recitando com voz forte e harmoniosa o pai-nosso, e em seguida orou:

– Senhor, agradecemos a oportunidade que nos dá de nos reunirmos em Seu nome, encarnados e desencarnados, sofredores e abastados, participando de seu socorro e de seu Amor. Ajude-nos para que possamos, pouco a pouco, caminhar para nossa união definitiva com o Senhor, Pai de Bondade. A Sua luz imploramos, para que não nos percamos em nossas trevas. As Suas mãos Lhe pedimos, para que nos coloque no barco de Sua soberania e, assim, possamos atravessar o oceano de nossa ignorância em segurança, desfrutando de Sua harmonia e Amor. Aguardamos a assistência dos bons espíritos, como sempre, e pedimos-Lhe que em Seu nome todos sejam amparados.

Pai, fazei com que esta reunião seja mais uma de Suas manifestações!

– Que beleza! – exclamou Leila.

Um dos dirigentes desencarnados olhou para Leila e sorriu, explicando:

– A oração que escutamos nasce da alma, da inspiração e da verdade que o doutrinador está vivendo. Cara convidada, não adianta dizer fórmulas preconcebidas para atingir outras almas. É preciso que uma alma fale à outra, pois elas têm sua própria linguagem.

Em seguida, o senhor José Carlos leu os dois parágrafos do capítulo dezesseis de *O Evangelho Segundo o Espiritismo*: "Não se Pode Servir a Deus e a Mamon". Fechou o livro e explanou. Tentarei resumir e descrever:

– A parábola do jovem rico fala-nos da redenção do homem. O jovem foi ao Mestre pedir um atestado para sua conduta e perguntou: "O que é necessário para salvar-se"?

"Jesus respondeu de pronto que, para ter um lugar no Céu, era suficiente cumprir os mandamentos.

"O mancebo retrucou que fazia isso desde sua mocidade. Jesus então completou: "Se queres ter um tesouro no Céu, renuncies a tudo e segue-me!"

"Mas o moço não estava disposto a renunciar aos favores e às facilidades de que no momento desfrutava e saiu, voltando para casa triste.

"Assim procedemos em vários momentos de nossa vida, à maneira do jovem rico, sem coragem de deixar gozos, trabalhos, afetos e recreações materiais para procurar o aprendizado por meio do trabalho edificante na vivência espiritual. Às vezes, não nos acovardamos só pela riqueza, mas por tudo o que nos prende à vida no corpo físico. É preciso ter coragem suficiente para viver encarnado de acordo com os exemplos de Jesus: deixar as coisas relacionadas à matéria em segundo plano, como ele e os apóstolos fizeram, e colocar as atividades espirituais em primeiro lugar em nossa vida.

"Renunciar aos benefícios exteriores em favor dos bens interiores, ou seja, trocar as vantagens materiais pelas espirituais não é fácil. E, para fazer o Bem, temos que renunciar a muitos estímulos grosseiros a que nos acostumamos e dos quais até gostamos.

"Se estivermos presos à matéria e aos bens materiais, faremos igual ao jovem da parábola: ficaremos tristes.

"Porém a redenção do homem não vem por meio de favores externos, mas sim de um trabalho de transformação interior que ele consegue ao colocar o espírito em primeiro lugar.

"Atitudes boas, exteriores, não redimem o homem, mas têm a capacidade de criar um ambiente propício para que ele se torne bom. E, para que isso seja possível, não devemos amar a matéria mais do que o espírito.

"Para aquele que ainda não se entregou ao Pai, que não vive nos exemplos do Mestre Jesus, fazer o Bem exige sacrifício, é doloroso.

"Quando o Bem é feito, entretanto, por aquele que já se *cristificou*, ser bom é só uma conseqüência, pois ele já se conscientizou da importância dos bens espirituais.

"Grande exemplo deu-nos o Apóstolo dos Gentios, Paulo de Tarso, ao dizer: "Eu transbordo de júbilo em todas as minhas atribulações, morro todos os dias, e já não sou eu, o Paulo, que vive, mas sim o Cristo é que em mim vive". Havia Paulo se integrado no Cristo, intimamente, e renunciado a tudo com Amor para ser um servo útil de Jesus.

"Nós, cristãos-espíritas, devemos meditar sobre essa parábola e ter a certeza de que a matéria passa, mas a vivência espiritual permanece, é verdadeira e representa a renúncia aos bens materiais pelas verdades espirituais que nos beneficiam realmente.

"Certo é, irmãos, que o indivíduo é o único responsável pela sua remição ou condenação. Jesus, ao falar aos discípulos e ao povo, dá-nos as condições para a entrada no Reino do Céu e termina dizendo: 'Exemplos vos dei; façam como eu fiz'.

"Portanto, é de interesse do homem viver como ensina o Mestre Jesus: sendo bom. É verdade que, ao fazer o Bem, muitos serão beneficiados, mas o maior favorecido é ele mesmo, pois, agindo assim, está se redimindo. Fazer a vontade do Pai e seguir os ensinos de Jesus é tarefa nossa. Façamo-la."

Depois dos esclarecimentos, apagaram a luz, ficando somente uma tênue claridade a focalizar um retrato de Jesus. Os trabalhos práticos começaram com a doutrinação dos desencarnados que se incorporavam.

Todos os espíritos que se manifestavam eram muito bem recebidos. O senhor José Carlos cumprimentava-os com um amável "Boa noite e que a Paz esteja convosco".

O dirigente, de raciocínio rápido e lógico, respondia com argumentos bondosos aos doutrinados. Dos que aguardavam na fila para atendimento, alguns escutavam atentos, outros pareciam ignorar tudo e outros ainda procuravam um modo de se safar, sem, contudo, conseguir.

Doutrinação

Convidados que éramos, observávamos a tudo com interesse. Narro o que nos foi de maior importância, salientando algumas argumentações do doutrinador.

O perseguidor da jovem mãe incorporou-se. Desafiou o doutrinador com uma risada e disse, sem responder ao cumprimento:

– Não sei por que estou aqui e o que faço não é da conta de vocês. Se a prejudico, faço porque quero e porque ela merece.

– Meu irmão – respondeu o senhor José Carlos –, se alguém deve ou não sofrer, não cabe a nós julgar.

Cada um tem sua colheita. Isso não justifica nos arvorarmos em cobradores de algo que a nós não compete. Somente a Deus cabe julgar, e a cada um de nós pertencem nossos próprios erros. Você, que ainda está dominado pela mente egoísta, não consegue nem administrar seus erros e tenta impedir que outros tenham paz! Você quer felicidade e, por não consegui-la, faz com que os outros não a tenham.

– Também não sou culpado de tudo – respondeu ele. – É desculpa de encarnados colocar sobre nós a culpa dos erros que cometem. Sou sincero em dizer que quero vingar-me, fazer com que ela sofra, porém não sou culpado de tudo. Apenas disse "bata nela", e ele fez porque quis; não o forcei. Agora, somente eu estou aqui sendo julgado?

– Cabe ao Pai julgar Seus filhos, bons ou maus, e não a nós. Não julgamos ninguém; apenas tentamos ajudar. Enquanto se intromete na vida alheia, deixa a sua com tudo por fazer. Nenhum dos dois está isento de erro: nem você, que agiu provocando a tentação, nem o encarnado, que se afinou com você e o atendeu. O homem é livre e Deus lhe dá a oportunidade de fazer de si mesmo o que quiser. Acontece que a lei do menor esforço é sempre cultivada pelo encarnado que o culpa. Fácil é desculpar nossos erros incriminando os outros. Porém, amigo, contribuir para a desarmonia do casal, como você faz, está errado e não lhe traz bem nenhum, porque a vingança é como fel: não dá prazer. Nós nos fazemos bem ou mal todos os dias, e, por isso, depende de você ser a favor ou contra Deus.

– Fui mandado. Os que sofreram por causa dela, na outra existência, obrigam-me a fazer o que faço.

– Não se justifica. Pode ter sido obrigado a realizar o mal, realmente pode ser dominado pelas entidades maléficas, mas, porque se afina com elas. Você está sendo muito medíocre, pois, ao não conseguir realizar em si próprio a harmonia, engana-se destruindo a harmonia do próximo. Fala que não obrigou o encarnado, mas agora se diz obrigado. Assuma seus erros, reconheça-os e se envergonhe deles, entendendo que é hora de mudar. Esqueça a vida alheia; olhe os melhores para que possa imitá-los e os piores para que possa ajudá-los. Não deve cobrar dívidas para não gerar sofrimentos. Você, meu irmão, preocupado em infelicitar a outros, tem feito o que para sua própria felicidade? Não é tempo de pensar e fazer algo de bom para você? Convidamos você para freqüentar uma escola onde conhecerá outra forma de vida. Esqueça os encarnados. Vá com esses amigos espirituais!

Ele ainda vacilou, pensou que não podia sair dali. Entendera que o doutrinador tinha razão. Nesse tempo em que perseguia, era perseguido pela infelicidade e intranqüilidade. Fazia sofrer e isso dava-lhe satisfação exterior, mas continuava a sofrer.

Já mudado, o ex-perseguidor afastou-se da médium e passou para outra fila, a dos que iriam logo mais para a colônia.

Mayo dirigiu-se para a incorporação. Estava ainda furioso com Asec, por tê-lo deixado após tantos anos em que lhe fora dedicado. Entretanto, cumprimentou o doutrinador, olhando tudo, curioso. Nunca experimentara a incorporação. Achou interessante e teve uma idéia: procurou aparentar humildade e disse:

– O senhor é forte, é um mago também. Vou servi-lo!

– Engana-se, irmão. Aqui não temos outro senhor a não ser Jesus, e somos servos dele no trabalho do Bem. Para servir ao Bem, é necessário aprender: convidamos você para esse estudo. Por que pensa em servir a pessoas, e não ao Mestre Jesus? Até quando vai se contentar com mesquinharias temporárias? Quando no corpo físico, encarnado, não se preocupou com a alma. Agora, fora dele, desencarnado, ciente da sobrevivência, ainda não se interessa pelas coisas espirituais.

– Bem – respondeu Mayo, encabulado –, nunca tive oportunidade de mudar de vida.

– Alunos relapsos no esforço da evolução justificam suas atitudes dizendo que não fizeram o Bem porque não sabiam ou não tiveram oportunidade. Enganam a si mesmos. Oportunidade sempre temos. Por acaso a procurou? O homem é a imagem e a semelhança de Deus. Se você acha que não teve oportunidade de cultivar valores maiores, tem-na agora. O Pai não se esquece de Seus filhos e socorre-os por meio de seus próprios filhos. Irá para uma das casas de Deus para que tenha, irmão, o propósito de transformar-se, e que isso possa fazê-lo melhor, tornando-o bom para sua própria harmonia e felicidade. Se queria uma oportunidade, aqui a tem. Seu destino está em suas mãos, portanto decida.

Mayo ficou inquieto, pois ali estavam pessoas bem maiores que Asec. Pensou no filho que tinha matado e em Honória, que estava nessa escola para onde ele seria levado. Meditou também que era melhor ir com os bons do que com os impiedosos inimigos do umbral. Então, disse humilde realmente:

– Nunca ninguém me falou como o senhor, nem com tanto respeito. Sou mau, errado e pecador.

– Por que não diz "ex"? Ex-mau, ex-pecador? Inicie vida nova!

Mayo não hesitou mais.

Fabiano, que estava ao meu lado, indagou um dos trabalhadores do centro espírita:

– Será que a doutrinação por meio da incorporação é suficiente para a conversão realmente?

– Não, absolutamente – respondeu educadamente o indagado. – A doutrinação é o primeiro passo no extermínio do orgulho e na conscientização de que o espírito não é nada sem Deus. O verdadeiro trabalho de transformação é realizado por um longo período de estudo e compreensão nas escolas do Espaço.

Agora foi a vez de Ramu incorporar. Tentou dar um murro na mesa para se impor, porém o médium não o atendeu, porque os trabalhadores encarnados estavam educando a mediunidade para não cometer os excessos sugeridos pelos desencarnados. Ramu já estava assustado por ver Mayo, seu chefe, atender ao chamamento sem reagir. E, como não conseguiu dominar o médium, não respondeu às saudações do doutrinador, que insistiu:

– Que a paz esteja com você! Em que podemos ser-lhe útil?

– Em nada. Aqui nada me interessa e não sei por que me trouxeram!

– Deus não se esquece de Seus filhos, eis a razão de você estar aqui.

– Nunca me preocupei com essas coisas. Nem acreditava em Deus...

– Agora acredita?

– Não sei... A vida não acabou quando meu corpo morreu, e isso me deixou com muitas dúvidas, que nunca falei a ninguém.

– Deus é o sustento do Universo, Pai de todos nós. Se você vive sem o corpo físico, tem a prova de que nada acaba e de que nosso Criador é o nosso sustento.

– Deixem-me ir embora e fazer o que gosto!

– Não é mais possível. Aceite nosso convite para recomeçar antes que a dor bata à sua porta. Dívidas você tem muitas, inclusive a pior delas: a de saber se lhe convém a deturpação das funções normais de viver que Deus lhe concedeu.

Ramu estremeceu, pois viu que sua vida era um livro aberto. Porém, ninguém o julgava. Respondeu, então, mudando de assunto:

– Se não tiver vontade, não vou, porque sou livre para fazer o que quiser.

– Sim, é livre, mas será obrigado a responder por seus atos. Os tempos para você são chegados. Se continuar assim, vai ser obrigado a reencarnar, e veja como será seu corpo em sua nova existência física.

A tela à sua frente foi acionada e Ramu viu um corpo todo defeituoso. Sentiu arrepios, porém nada respondeu. O senhor José Carlos continuou:

– Se nem a esta oportunidade der valor, será expulso da Terra para outro planeta primitivo, onde recomeçará reencarnando em corpos primitivos praticamente sem capacidade alguma.

O medo de perder seus conhecimentos abalou Ramu. Isso porque muitos de nossos irmãos trevosos são maus, porém inteligentes, e sua experiência é sua maior riqueza.

– Siga – continuou o doutrinador – com nossos irmãos para a Colônia Escola ou a dor se incumbirá de fazê-lo mudar de idéia.

– Está bem, eu vou! – exclamou, vencido, Ramu.

– Então, inicie cultivando a humildade. Peça a Deus perdão e siga.

Raquek foi o próximo. Respondeu polidamente ao cumprimento do doutrinador, procurando ter calma, e falou em seguida:

– Não quero ir para onde levou os outros. Tenho meu livre-arbítrio. Sou livre.

– Usou sua liberdade para o mal. Fez mau uso dela e sabe que deverá dar conta a Deus um dia.

– Deus é bom. Quando eu quiser, peço perdão e Ele me perdoa.

– Sim, é verdade, Deus é bom e ama a todos os Seus filhos. Podemos, pelo sincero arrependimento, ser perdoados pelo Pai-amoroso, porém não estamos livres das reações de nossos atos. Deus permite que façamos dívidas ou créditos, e é nossa própria consciência que nos vai cobrar. Deus é o pano de fundo da consciência de todos nós. Não estaremos livres dos resultados de nossas ações pelo perdão, porque pedir perdão é pedir um recomeço, e Deus nos dá sempre nova oportunidade. Somos como uma caixa d'água: colocamos dentro dela, pelo livre-arbítrio, o que queremos. Ao ter água suja, não basta que se ponha água limpa junto da suja. É preciso limpá-la com trabalho e por meio da transformação para depois colocar água pura.

– Quer dizer que terei que pagar por todos os meus erros? São muitos... Levarei muito tempo.

– Não levou tempo para cometê-los? Precisará de muitas encarnações para repará-los. Adiando e contraindo mais débitos, não estará aumentando sua dívida?

– Meu caro – falou preocupado Raquek –, o caminho do erro é largo e fácil, mas o da recuperação é estreito e trabalhoso.

– Porém, de final feliz. Você, meu irmão, confundiu o meio com o fim, pensou em servir ao Senhor pelos atos exteriores, com orações labiais. Foi agraciado muitas vezes, inclusive viveu em meio da classe esclarecida quando encarnado, tendo o conforto e a supremacia que seu cargo lhe conferia. Contaminou-se, em vez de fazer o bem para si próprio e tornar-se bom. Fez de você um espírito ocioso, interessado somente em satisfazer seus desejos. Desencarnado, continuou da mesma forma. É chegada a hora de acordar e viver na verdade. Acredita, irmão, que Deus lhe deu essas oportunidades e a inteligência para que tenha essa vida tão medíocre? Quem tem pode. Quem tem e pode, porém não faz, cria débitos. Portanto, você é um devedor. Teve oportunidade de ser bom, de fazer o Bem, teve até título de Seguidor do Cristo, e não o fez.

– Mas... Nunca pensei assim.

– Está tendo uma oportunidade, agora, de renascer para uma nova vida, digna de um espírito. Para tanto, poderá ir para uma colônia, onde estagiará numa escola, para trabalhar e estudar, adquirindo novos valores para vivê-los futuramente em seu cotidiano. No entanto, é necessário que você queira isso. Deus deu-lhe o livre-arbítrio, mas somos responsáveis pelo uso dessa liberdade. Servimos a Deus pelo Amor ou voltamos a Ele pela dor. Decida.

– Quero estudar. Vou com vocês.

– Vá em paz, irmão, porque a finalidade maior do espírito é fazer tudo o que puder para a maior glória da manifestação de Deus, é fazer tudo o que puder para melhorar, e nunca piorar. Não basta, irmão, refrear o mal. É preciso ser ativo no Bem. Que Deus o abençoe!

Ao término das doutrinações, todos os desencarnados entraram em um aérobus e partiram rumo à colônia, ficando no local somente os desencarnados que ali trabalhavam e nós, os convidados. A equipe médica tratou dos encarnados necessitados que estavam presentes.

A Prece de Cáritas foi recitada por um médium; enquanto ele orava, vimos fluidos salutares caindo sobre todos, fortalecendo-lhes o corpo e o espírito. A visão era tão linda que Toninha, ao meu lado, chorou emocionada:

– Que beleza! Se os encarnados soubessem quantos benefícios recebem numa reunião espírita séria, mais valor lhe dariam.

O senhor José Carlos, encerrando com o pai-nosso, orou:

– Senhor, como sempre o Seu amparo não nos faltou, e, por isso, aceite nosso agradecimento. Queremos, Pai, ao sair desta reunião, em nosso dia-a-dia, poder viver, a todo momento, o que aqui ouvimos e falamos, para vê-lo manifestando-se em tudo o que existe. Queremos amá-Lo em todos os nossos irmãos. Enfim, Pai, queremos deixar de cultivar a personalidade passageira e viver aquilo que realmente somos:

cidadãos cósmicos, Seus filhos. Assim, Senhor, agradecemos mais uma vez o que recebemos, o que nos foi confiado, embora aqui e agora não possamos avaliar o tanto que nos concedeu. Obrigado, Senhor!

Acendeu-se a luz. Os encarnados, felizes, conversavam entre si, e também nós, os desencarnados, comentávamos sobre os trabalhos que havíamos presenciado.

Carlos agradeceu comovido ao Alexandre e ao Artur. Nesse momento, recebemos de Mauro, que estava com Nely, um pedido de socorro.

Partimos em seguida, após ligeira despedida.

Nely

Chegamos à chácara e fomos direto aos aposentos de Nely. Ao ver-nos, Mauro explicou-nos, triste:

– Nely tentou matar-se!

Nely estava deitada em seu leito com dona Gema ao seu lado, chorosa e aflita. Havia sangue por todo o quarto, além de vários objetos espalhados pelo chão. Um médico desencarnado medicava a menina, que estava desmaiada. Mauro continuou a nos esclarecer:

– Chamei pela equipe médica da colônia e o doutor Renato veio em nosso auxílio. O senhor João foi à procura de um telefone na vizinhança para pedir uma ambulância.

Doutor Renato, muito simpático e competente, sorriu e cumprimentou-nos; era conhecido da equipe do Departamento de Socorro a Encarnados. Informou-nos sobre o estado de Nely:

– Ela perdeu muito sangue e está muito debilitada, enquanto seu coração doente bate fraco e seu cérebro não quer reagir à altura: enfim, não quer viver.

– Que aconteceu, Mauro? – indagou Carlos.

– Nely jantou pouco, subiu para o quarto e repetiu o estranho ritual da noite anterior, porém, como a rosa não floriu, gritou desesperada: "Mamãe, não me abandone!"

"Sem que eu pudesse perceber sua intenção, ela pegou um estilete na gaveta e cortou o pulso esquerdo, e então o sangue jorrou com a violência do corte. Tudo fiz para impedi-la, mas ela não me ouviu, não me atendeu, e, friamente, trocou o estilete de mão, cortando o pulso direito. Usando tudo o que eu sabia e que eu podia para ajudá-la, fiz com que esbarrasse nos objetos e os derrubasse. Dona Gema veio ver o que acontecia, chamou pelo esposo e ele foi procurar ajuda, porque José está bêbado e dormindo. Dona Gema, aceitando minha sugestão, enfaixou com toalhas os pulsos de Nely. Chamei, então, o doutor Renato e vocês. Desculpem-me!"

– Mauro – falou Carlos, abraçando-o –, você agiu certo. Se Nely não o atendeu, não se culpe, porque ela, com sua vibração baixa, não quer ajuda dos bons. Uma pessoa em desespero, médium ou não, dificilmente tem boas intuições inspiradas por nós, trabalhadores do Bem. E, depois, como interferir no livre-arbítrio de um encarnado? Se queria suicidar-se, como impedir? Agiu bem em fazer a menina derrubar os objetos e provocar barulho.

Nisso o senhor João entrou no quarto, cansado e aflito:

– A ambulância já vem. Abri o portão. Como está ela, Gema?

– Não sei. Parece mal.

A ambulância chegou e dois enfermeiros entraram na casa, subindo rapidamente a escada. Aproximaram-se de Nely e um deles tomou-lhe a pulsação:

– Está viva! Quem enfaixou os pulsos da menina? Trabalho bem-feito!

– Fui eu – respondeu dona Gema. – Nem sei como fiz isso!

Dona Gema, nervosa, não percebeu que Mauro ajudou. Isso às vezes acontece quando, num apuro ou num socorro, os encarnados fazem coisas que, em ocasiões normais, não fariam.

Colocaram Nely na maca e levaram-na para a ambulância, seguidos por dona Gema. Fomos juntos, porém Fabiano ficou com o senhor João.

Com cuidado, o motorista rumou a ambulância para o hospital, enquanto doutor Renato nos esclareceu:

– Está agravando-se o estado de Nely. Está com proteína demais no sangue e carência de muitas vitaminas, faltando pouco para ter um enfarte do miocárdio. Espero que o médico encarnado perceba isso e a socorra a contento.

Nely cheirava mal, exalando odor de carne podre, juntamente com emanações de sua vibração baixa. Manchas negras concentravam-se em seu tórax, sem que conseguíssemos dispersá-las.

No hospital da cidade, que era simples e pequeno, um médico jovem atendeu-a prontamente. Não havia aparelhos modernos, entretanto o facultativo auscultou-a, percebendo logo que Nely estava muito fraca.

Em quase todos os hospitais da Terra, existem equipes de desencarnados, trabalhadores do Bem, que prestam serviços. Carlos pediu aos socorristas que ali serviam auxílio para o caso, expondo em rápidas palavras o estado de Nely. Um deles, chegando perto do médico encarnado, fez com que ele voltasse a examinar o coração de Nely, e foi com alívio que ouvimos:

– Enfermeira, rápido. Aplique este medicamento, pois a menina está para ter um enfarte.

Imediatamente tudo foi feito em favor de Nely; depois, o médico fez a sutura e o curativo nos pulsos dela. Logo em seguida, ele saiu da sala para dar notícias à dona Gema, que chorava e tentava orar no corredor.

– A menina Nely deverá ficar uns dias no hospital para exames porque seu coração não está bem.

– Doutor! Depressa!

A enfermeira chamou-o e o médico voltou rapidamente para perto de Nely, enquanto doutor Renato já tentava socorrê-la. Os dois facultativos, o encarnado e o desencarnado, tudo fizeram para ajudá-la, mas seu coração parou fulminado por um enfarte.

Agora, só restava a nós e aos encarnados tomar as providências para o sepultamento. Nely adormeceu no corpo e Carlos chamou-nos para uma reunião no pátio do hospital, para explicar:

– Infelizmente, não conseguimos evitar o desencarne. Nely poderia ficar anos na matéria, pela bênção da reencarnação, entretanto destruiu seu corpo e seu espírito continua vivo. Teve uma oportunidade fracassada. É verdade que não desencarnou porque seu sangue esgotou-se pelo corte nos pulsos. Porém, se não os houvesse cortado, teríamos conseguido ajudá-la, fortalecendo-a ou até mesmo curando-a, e não ocorreria esse enfarte. A intenção é tudo, por isso Nely é suicida e assassina. Ficará horas, dias, dormindo em pesadelos, ligada ao corpo, e, ao acordar, sentirá o pavor da decomposição. Experimentará o fruto que plantou. Porém, bastará que clame por socorro para que possamos retirá-la do corpo e levá-la para uma enfermaria num dos hospitais do plano espiritual, onde aos poucos obterá melhoras. A cada um é dado como justiça o que lhe cabe. Lembremos que nenhuma infração tem penalidade igual à outra e, num suicídio, muitos fatores são levados em conta. Nely sofrerá o remorso por ter assassinado o pai e por ter tentado se matar, experimentará a falta da carne que comia por vício e sentirá a falta do corpo por tê-lo abandonado antes da hora. O corpo físico é uma bênção muito grande e nunca pode ser desprezado; quem o faz paga caro por isso. Nely estará sempre em minhas orações e ficarei atento para ajudá-la assim que ela quiser e pedir.

– Não podemos ajudá-la sem que ela peça? – indagou Leila.

– É difícil ajudar quem não quer ser ajudado. Mauro tentou e não conseguiu auxiliar Nely, porque todos nós necessitamos querer para receber.

– Nely violentou o próprio corpo. Trará isso conseqüências para ela no futuro? – indagou Fabiano já reunido a nós.

– "Cada caso é um caso", dizem sabiamente muitos. O suicida agride seu perispírito pela própria vontade, ao destruir o corpo físico; nesse caso, o remorso muitas vezes não o deixa sarar. E pode o perispírito lesado, ao reencarnar, transmitir ao corpo essa lesão. Quanto a Nely, não sei, pois há muitos acontecimentos a serem considerados em favor dela, a exemplo da solidão, da falta de amor, de ter o corpo ainda criança, embora saibamos que ela é um espírito milenar. Se todos acreditassem que somos eternos, que somente o corpo carnal morre e que os sofrimentos continuam depois de desencarnado, haveria menos suicídios conscientes. Suicidar-se não é resolver problemas, mas sim agravá-los.

– Carlos – comentou Toninha, preocupada –, atualmente muitos são os jovens que tentam contra sua vida física. Que acha sobre isso?

– Minha cara amiga, esse fato não preocupa só você. Numerosos trabalhadores do plano espiritual têm organizado equipes para ajudar crianças e adolescentes a não cometer tal ato. Talvez muitos deles encaixem-se nos acontecimentos vividos por Nely, sentindo falta de compreensão e de amor, solidão e ainda a carência de crença e oração. A educação religiosa é demasiadamente importante, tanto que o Espiritismo tem batalhado para que em todos os locais haja a Evangelização Infantil e o Encontro de Jovens.

"Orientar, indicar o bom caminho deve ser a conduta primordial dos espíritas para com os jovens. Deixar os filhos sem religião, para que decidam qual caminho seguir quando adultos, não é certo. Devem todos os pais educar seus rebentos na religião que seguem e que consideram certa. Entretanto, nada melhor para os jovens inteligentes do que uma religião que não choque nem contradiga o raciocínio. O Espiritismo esclarece muito, e os jovens que realmente o seguem não se suicidam. São de fato muitos os adolescentes que, insatisfeitos, procuram a morte do corpo.

E quantos acidentes são provocados em razão disso? As estatísticas são alarmantes. Isso porque o *O Evangelho Segundo o Espiritismo* é pouco estudado, meditado e vivido."

Fez-se silêncio entre nós e observei Carlos, que estava concentrado em seus pensamentos. Todos nós sentimos o ato praticado por Nely e, embora estivéssemos acostumados a isso, vimos que nem todos os socorros a encarnados dão certo ou acabam conforme nossa vontade. O livre-arbítrio existe para todos e deve ser respeitado. Evitar que encarnados errem é difícil; às vezes, impossívcl.

Carlos voltou a falar, e sua voz agradável deu-nos ânimo:

– Amigos, não conseguimos evitar que Nely atentasse contra seu próprio corpo. Quando uma pessoa realmente não quer uma bênção, é impossível fazer com que ela aceite receber a dádiva da boa sugestão. Nely já havia planejado esse ato e por qualquer motivo o faria. Se a razão foi porque a rosa não floriu, isso iria acontecer também, pois Raquek arquitetava ir embora. A rosa florir era uma ilusão, uma mentira, e ninguém vive eternamente apoiado em uma irrealidade. Com a nossa vinda, ela só teve benefícios, porém não quis nos atender. Se Mauro não a tivesse feito provocar barulho, nem socorrida seria. Talvez não errasse tanto se a tivéssemos deixado prostrada. Mas como deixá-la assim por muito tempo? Por oportuno, narro a vocês o que ocorreu comigo em época distante.

Fui procurado por uma irmã também desencarnada que, aflita, contou-me que seu filho, meu sobrinho, planejava suicidar-se. Acompanhei-a para que tentássemos fazer com que ele desistisse da infeliz idéia. Tudo o que estava ao nosso alcance fizemos. Verificamos que não havia influência de desencarnados e que seus problemas não eram muitos. Sugerimos e conversamos com ele desligando-o do corpo enquanto dormia. Não adiantou, pois, quando acordado, ele lembrava-se apenas parcialmente do sonho e sentia mais saudade ainda da mãe e de mim, aumentando sua vontade de reunir-se a nós. Clamei pelo auxílio de socorristas e dois deles vieram unir-se a nós. Meu sobrinho não aceitou a ajuda. Estava irredutível e comprou um veneno. Ao colocá-lo no copo, esforçamo-nos para deixá-lo prostrado; aí, ele sentiu-se tonto e deixou cair o copo. Mas bastou melhorar para pegar a garrafa e tomar seu conteúdo destrutivo. Tentamos socorro por meio de um vizinho, que atendeu à nossa sugestão e foi à sua casa, achando-o agonizante. Levou-o para o hospital, onde foi socorrido, mas desencarnou horas depois. Meu sobrinho foi culpado. Todavia, é preciso salientar que, embora tenha sido criado com os ensinos de uma religião, ele aprendeu a orar e a crer em Deus sem entendê-lo. Conheceu o livro *O Evangelho Segundo o Espiritismo*, só que não viveu conforme nos exemplificou o Mestre por não ter compreendido as verdades eternas. Por seu ato, sofreu muitos anos no

Vale dos Suicidas até que pudemos socorrê-lo. Deus não desampara ninguém, e as dores são divinas lições. Atualmente, ele está encarnado; é surdo-mudo e tem ataques freqüentes de asma. Sofre agora dificuldades bem maiores do que aquelas que o levaram a cometer o ato infame. Porém, é resignado e confio que, dessa vez, aproveitará a bênção da encarnação.

Quanto a Nely, os encarnados tomaram todas as providências necessárias, sendo que seu corpo foi colocado na pequena capela ao lado do hospital, onde poucas pessoas, a maioria curiosos, foram velá-la. Padre Anselmo, o vigário da paróquia, foi o único que orou com fé por sua alma. Era realmente um servo de Jesus, de boa vibração, caridoso, crente e fervoroso. Ficou longo tempo ao lado do corpo.

A tia de Nely chegou; estava com o rosto inchado de chorar. Cumprimentou o padre Anselmo, apresentando-se:

– Sou Marta, tia de Nely.

Marta era alta, bonita e trajava-se de preto, com elegância; tinha cabelos pintados de loiro e estavam penteados conforme a moda. Sentia realmente o desencarne da sobrinha.

As providências que faltavam foram acertadas e, no horário previsto, sepultaram Nely.

Carlos chamou um socorrista que trabalhava no cemitério e pediu:

– Assim que Nely apresentar condições de ser socorrida, avise-me, por favor.

Marta saiu do cemitério conversando com padre Anselmo. Acompanhamos o dois:

– Padre, sou herdeira da chácara, como única parenta de Nely, porém não a quero e vou doá-la à Igreja. – Começou a chorar: – Sou culpada do ato de Nely, minha única sobrinha, filha de meu único irmão, pois a deixei sozinha. Quando morreu minha cunhada, sabia da maneira errada como vivia meu irmão, dos maus exemplos que poderia dar à menina, porém nem me ofereci para ficar com ela por achar que seria trabalhoso. Depois meu irmão morreu, e que fiz? Deixei-a na chácara com empregados, embora quisesse, naquela época, que fosse para um colégio interno. Não a quis comigo. Nely, porém, implorou para ficar na chácara. Comodista, iludi-me, pensando que era o melhor para ela, e consenti. Assim, padre, deixei-a com esse casal de empregados que a amaram mais do que eu, porém eram somente empregados em quem Nely mandava, mas não obedecia. Sou culpada por Nely ter tentado contra sua própria vida!

– Não pense nisso agora, dona Marta. Oremos para que Nely tenha salvação. Mas, se quer mesmo doar a chácara, não o faça para a Igreja, e sim para uma fundação que está empenhada em construir um asilo para idosos. O local será um excelente abrigo para os velhos.

Marta, querendo resolver logo o assunto, pediu ao padre que lhe indicasse um advogado, e os dois foram em seguida consultar um que ele conhecia. Deixaram tudo acertado, com a doação feita, e combinaram que Marta voltaria para assinar a documentação logo que esta estivesse pronta.

Padre Anselmo acompanhou Marta à chácara e ficaram na varanda.

– Padre – falou a tia de Nely –, vou pegar os documentos necessários para que o senhor os leve ao advogado. Desta casa levarei apenas algumas fotos e jóias.

Os três empregados aproximaram-se e Marta abraçou dona Gema:

– Obrigada, Gema, pelo que fez por Nely. Quero comunicar-lhes que doei a chácara para uma fundação que fará dela um abrigo para idosos. Pedi ao padre Anselmo que o senhor João e você fiquem aqui como moradores.

Gema e o marido agradeceram aliviados, pois estavam muito preocupados com o destino de sua vida: já velhos e com um filho problemático. E Marta continuou:

– Quanto a você, José, infelizmente não poderá ficar, pois sabemos que é viciado em álcool e, por isso, não é um morador ideal para um local que abrigará necessitados. Doarei a você o carro. Sim, será seu. Assim poderá trabalhar e sustentar-se.

José bateu palmas e pulou de contentamento:

– Dona Marta, obrigado. O carro era tudo o que eu queria. Irei morar na cidade para trabalhar com ele, mas virei sempre visitar meus pais.

Gema e João entreolharam-se tristemente, não acreditando no que José dizia, porque estavam cansados das confusões do filho. Porém, acharam que talvez fosse melhor para todos ele viver longe.

Padre Anselmo sentou-se na varanda, e Gema e Marta abriram toda a casa. Uma equipe de desencarnados foi, atendendo ao pedido de Carlos, limpar o local dos fluidos pesados. O sol entrava pelas janelas abertas, facilitando o trabalho.

Marta colocou numa sacola alguns objetos que queria, separando outros e colocando-os num canto do jardim, para serem queimados. O colchão com as roupas de cama de Nely manchadas de sangue foram os primeiros; depois foram os livros, cadernos, enfim tudo o que não iria servir para o futuro asilo.

Atendendo à sugestão de Mauro, dona Gema foi ao porão, pegou os livros do pai de Nely e o tablado. Mostrou-os ao padre e à Marta:

– Com isto Nely falava com o demônio!

Observaram o tablado. Marta suspirou triste e perguntou ao padre Anselmo:

– Demônio?!? Será que ela conversava mesmo com o demônio?

– Tenho lutado, Marta, com meu rebanho contra esse tipo de brincadeira, de invocações utilizando tablados, para fazer o que chamam por aqui de "copos que andam". O que significa realmente, não sei; por isso, procuro instruir todos para que não façam isso, porque não devemos brincar com o que desconhecemos. Se são demônios, não posso dizer, mas bons é que não são, porque, os bons têm mais o que fazer do lado de lá, sem tempo para atender a brincadeiras.

– Por que fazia isso? Por que Nely usava esse tipo de diversão?

– Marta, as pessoas, de modo geral, anseiam por descobrir a verdade, que sabem existir, mas não sabem onde. Desejam saber o que há depois da morte do corpo. Procuram no sobrenatural algo que as satisfaça, em vez de confiar em Deus e buscar amparo nos ensinos de Jesus para entender a sobrevivência após a morte. Contudo, fazem brincadeiras desse tipo, que podem gerar inúmeros problemas, em vez de procurar orientação entre pessoas que conheçam o fenômeno, mesmo que sejam de outras religiões. Porque as religiões, Marta, são setas no caminho. Não basta apenas ter uma crença. É necessário caminhar, seguir essas indicações.

Padre Anselmo fez uma ligeira pausa, suspirou triste e completou:

– Talvez a solidão tenha levado Nely a essa brincadeira perigosa, não sei. Era tão estranha...

Gema colocou o tablado junto aos outros objetos e pôs fogo. Ver queimar tudo aquilo foi um alívio para todos nós.

Marta despediu-se do casal e do padre, pois voltaria para a casa.

Padre Anselmo também se retirou, porque tinha em mente tomar as providências necessárias para que, no menor espaço de tempo possível, a chácara se transformasse no asilo tão sonhado.

Nossa equipe retornava ao departamento. Despedi-me dos amigos abraçando-os, porque não iria com eles:

– Amigos – expliquei –, acompanharei Marta. Indago-me sobre o motivo que a impediu de levar Nely consigo e, também, de haver orado com tanta fé por ela, fato que nos levou a este trabalho de ajuda, e, por fim, de ter feito essa doação maravilhosa! Acho que Marta necessita de ajuda, de consolo. Agradeço a vocês, amigos, pela oportunidade que me foi dada ao acompanhá-los.

Retribuindo os abraços, meus companheiros volitaram, entendendo-me. Acompanhei Marta até o carro e partimos.

Temos todos, realmente, uma história

Marta dirigia o carro com cuidado. Falei-lhe, e ela recebeu minhas palavras como se viessem de seu pensamento. Indaguei:

"Marta, como se relacionava com Nely?"

Vieram-lhe muitas cenas vividas à mente, e, então, acompanhei seus pensamentos.

Marta lembrou-se de sua infância e do irmão, mais velho do que ela dois anos. Pequena ainda, seu pai os abandonou e nunca mais o viram, o que fez com que sua mãe lutasse com dificuldades para criá-los.

Brigava muito com o irmão, que era irresponsável desde garoto. Para poder estudar, ela trabalhava como empregada no colégio; quando faltavam dois meses para sua formatura, sua mãe desencarnou de um mal súbito. Formou-se e arrumou um emprego, porém trabalhava bastante, enquanto seu irmão não se firmava em nenhum serviço, ficando a despesa da casa por sua conta. Certa vez, ela brigou sério com ele e mudou-se para um apartamento, com amigas. Passou a vê-lo raramente. Soube posteriormente que ele começara a namorar uma moça, filha única e que possuía alguns bens materiais. Conheceu a cunhada nas vésperas do casamento: era feia, estranha e mais velha do que ele. Casaram-se e foram morar com o pai dela, já viúvo. Parecia que Noel, seu irmão, tinha endireitado; nessa época, Nely nasceu. Pouco depois, o pai de Noemy desencarnou e Noel começou a viver como um irresponsável entre mulheres e jogo, gastando o dinheiro que a esposa recebera do pai. Noemy, achando que a cidade grande era o motivo da perdição dele, resolveu mudar-se para o interior, comprando a chácara, para onde se mudaram. Mesmo quando residiam na mesma cidade, via-os pouco; depois que se mudaram, passou a vê-los ainda menos. Assim mesmo, ao se encontrarem, esforçava-se para não discutir com ele. Quando Noemy, sua cunhada, desencarnou, teve pena de Nely por ela ficar com o pai, mas nada fez pela sobrinha. Com a desencarnação do irmão, Marta pensou em colocá-la num colégio interno, para que tivesse um bom estudo. Foi nomeada sua tutora, mas nem por um momento pensou em levá-la para viver com ela. Nely não quis ir para o internato, então a deixou na chácara, que recebera de herança, sendo que também ganhava uma pensão com a desencarnação do pai. Preferiu pensar que a sobrinha estava bem, para não se preocupar e não sentir culpa. Escrevia com freqüência para ela, que respondia prontamente, dizendo sempre que estava tudo bem. Nunca achava um jeito para visitá-la, mas, num feriado prolongado, foi vê-la. Preocupou-se com a situação, pois Nely estava pálida, magra e estranha, embora fosse educada e agradável com ela. Pediu à sobrinha que procurasse um médico e ela prometeu que iria fazê-lo, porém disse para ela não se preocupar, porque não sentia nada de errado e estava tudo bem. Marta sentiu-se inquieta durante a visita à chácara e não conseguiu dormir naquela casa. Voltou preocupada e orou pedindo ajuda à menina.

Insisti para que se lembrasse mais:

"Marta, por que não levou Nely com você? Por quê?"

Marta parou o carro, chorou bastante e disse alto:

– Tudo por causa dele, de Cristiano!

"Quem é Cristiano, Marta?", indaguei.

Marta foi se acalmando, parou de chorar, enxugou as lágrimas e retornou aos seus pensamentos.

A fisionomia de um homem elegante veio à sua mente: era Cristiano. Marta pensou:

"Sempre ele. Dediquei-me sempre a ele. Mesmo quando Nely necessitou de mim, voltei-me para atendê-lo. Não tiro férias há anos, trabalho muito e estou sempre à disposição dele. Por causa dele, nem Nely eu quis junto de mim, inclusive para não atrapalhar as visitas que ele me faz."

Em resumo, Marta, quando começou a trabalhar, era funcionária de uma firma do pai de Cristiano. Nessa época, conheceu-o, mas já era casado e brigava muito com a esposa. Todos no escritório sabiam do caso. Quando o pai dele desencarnou, ele passou a ser o dono e colocou Marta como sua secretária. Ela apaixonou-se por ele e tornou-se sua amante. Cristiano abusava desse amor, pois Marta era uma secretária eficiente e uma amante paciente. Por isso, dizia que ia separar-se da esposa para casar-se com ela, porém adiava sempre, primeiramente por causa dos filhos pequenos e depois porque estavam na adolescência.

Marta voltou a dirigir o carro e, sem demorar muito, chegou a seu apartamento, que, embora pequeno, era bem decorado e agradável. Pegou a sacola que trouxera com os pertences da chácara e voltou a chorar, lamentando em voz alta:

– Meu Deus! Que fiz de minha vida? Não casei, não tive filhos, o tempo passou e estou só. Deixei Nely sozinha, pobrezinha. Como me arrependo disso!

Não quero mais saber de Cristiano. Deixei tudo por ele. Se tivesse tido coragem de trazer Nely comigo, não seria ela tão infeliz e estaria viva!

Dei-lhe um passe. Ela foi acalmando-se e adormeceu.

No outro dia pela manhã, acompanhei Marta ao trabalho. Quando ela entrou na sua sala, vimos um senhor à sua espera, que reconheci ser o Cristiano em quem ela pensava. Foi ao seu encontro sorrindo para beijá-la, mas Marta virou o rosto.

– Marta, querida – falou com voz sensual e desagradável aos meus ouvidos. – Esperei você ontem. Por que não veio? Precisei daquele contrato e não o achamos! Por que demorou?

– Não lhe contei da morte de minha sobrinha?

– Contou, mas já não estava morta? Que tinha mais a fazer lá? Precisava de você e sabia disso.

– Sinto a morte dela! Não tenho o direito de sofrer? Que tenho feito esse tempo todo a não ser padecer? Não falaria dessa forma se fosse um de seus filhos que tivesse morrido!

– Você está nervosa! Está bem, não falaremos mais nisso. Pegue o contrato e traga-o, com urgência.

Ele saiu da sala. Pude ver que era por esse egoísta que ela sofria. Marta sentou-se triste à frente de sua mesa. Penalizado, abracei-a:

"Marta", disse-lhe, "você é filha de Deus. Deve amar a si mesma para poder amar o próximo. Quer tanto assim esse homem? Já o amou? Deve querer bem quem a quer, quem a proteja. Alguém que, nessa hora, enxugaria suas lágrimas consolando-a, entendendo-a. Merece amar alguém melhor, que seja seu amigo. Se ele ainda não largou a esposa, não irá largar mais. E, se o fizer, já pensou quantas pessoas sofrerão com isso? A esposa pode ser mais uma vítima nas mãos desse egoísta. E os filhos? Quantos são? Quatro. São pessoas inocentes que nada têm a ver com os desentendimentos dos pais. Pense, Marta: é isso o que quer? Quer ser esposa desse homem? Enfrentará ele a sociedade para ficar com você, uma simples secretária? Não seria você a amante que ele se gaba de ter, junto de seus amigos?"

Marta ouviu-me parcialmente, acalmou-se e pegou o contrato, colocando-o em cima da mesa. Em seguida, pôs uma folha na máquina de escrever, datilografou rapidamente uma carta de demissão e assinou-a.

Pegou a carta e o contrato, entrou na sala de Cristiano e ouviu dele:

– Acalmou-se, querida? À noite, prometo ir a seu apartamento.

– Cristiano, quando vai se separar de sua esposa? Quero a data certa.

– Por que isso agora? Não sei. Você sabe, os meninos...

– Você pensa em se separar realmente? Se se separar, casará comigo? Quero a verdade, Cristiano!

– Meu bem, estamos felizes assim, não estamos? Por que estragar tudo com o casamento?

– Cristiano, por anos invejei Clarice, mas agora vejo que é pena que tenho dela. Ela é como eu: um objeto em suas mãos! Nunca pensou em separar-se, não é? Repartir os bens, a fortuna... Mas, meu caro, para mim chega! Estou indo embora, da firma e de sua vida. Aqui estão o contrato e minha carta de demissão. Não trabalho nem mais um minuto aqui!

– Está brincando? Lógico que está! Não pode me abandonar assim! Que faço sem você? Olhe, meu bem...

Marta encheu-se de esperança. Estava de costas para ele. Ela sorriu e ia virar-se e jogar-se em seus braços, mas segurei-a para que pudesse ouvir o resto da frase. E Cristiano continuou:

– A empresa vai virar uma bagunça sem você. Ninguém sabe fazer nada direito. Não pode me abandonar logo agora que temos tantos negócios. Onde vou arrumar outra secretária?

Esforçou-se Marta para segurar o choro:

– Cristiano, não será fácil substituir a escrava da firma, não é? Não tiro férias, trabalho horas a mais sem receber extras e cuido de tudo! Porém, substituir a amante será fácil!

– Marta, se não me quer mais, tudo bem. Há outro, não é? Mas continue trabalhando aqui.

– Não, Cristiano. Saio agora e para sempre!

– Ah, é assim?!? Não pago seu salário, ingrata! Não lhe dou carta de recomendação. Ainda bem que não me casei com você.

Ela saiu da sala. Amparei-a e vi que se controlava para não chorar. Foi até sua mesa, pegou o que lhe pertencia e saiu do prédio sem se despedir de ninguém. Consolei-a, acompanhando-a até seu apartamento, pois estava magoada e triste.

"Não fique aqui sozinha a chorar, Marta", disse-lhe. "Saia, vá passear, distrair-se. Faça uma visita."

Marta lembrou:

– O senhor Leonardo, coitado, deve estar sofrendo muito! Acho que vou lá um pouco, pois perdeu o filho único no domingo passado e está só como eu!

Arrumou-se, retocando a maquiagem e penteando os cabelos. Saiu do apartamento, entrou no elevador e apertou o botão do oitavo andar. Parou em frente a uma porta e hesitou, pensando: "Que falo para ele?"

"Bata à porta, Marta! Console para ser consolada", insisti.

Marta tocou a campainha, esperou segundos e já ia voltar quando a porta se abriu e surgiu um senhor de aspecto agradável, simpático, com bons fluidos, que a cumprimentou:

– Boa tarde, Marta. Que deseja?

Marta engasgou, tossiu, suspirou, porém nada respondeu. Vendo sua hesitação, Leonardo pegou em seu braço, puxou-a para dentro e, sorrindo, disse:

– Entre, Marta. Sente-se, por favor, mas não repare. Sabe como é, homem sozinho nada arruma direito.

Marta olhou-o e respondeu baixo:

– Boa tarde!

Leonardo sentou-se à sua frente e esperou, educado, que a visita falasse. Então encostei a mão na testa de Marta e pedi:

"Marta, console para ser consolada. Você sofre; ele também deve ter sofrido e talvez sofra ainda. Sente-se sozinha; ele também deve saber o que é solidão. Diga-lhe palavras de sentimento e fraternidade".

Marta observou Leonardo paciente à sua frente e pensou: "Deve achar-me louca". Tentou sorrir, esforçou-se e disse:

– Senhor Leonardo, vim aqui para dar-lhe meus pêsames pelo falecimento de seu filho. Sinto muito, todavia não pude ir ao enterro.

Ia inventar uma desculpa, mas não queria mentir mais, pois não fora porque Cristiano passara a tarde com ela. E completou:

– O fato é que sinto muito porque sei o que é isso! Ontem mesmo sepultei minha única sobrinha. Agora estou só, sem família, e achei que o senhor estivesse sofrendo como eu, então vim aqui.

Marta começou a chorar. Leonardo sentou-se ao seu lado, ofereceu-lhe um lenço e olhou-a penalizado.

– Chame-me de você. Nada de senhor, Marta. E, também, ninguém está só quando tem Deus por companhia.

– Aí é que está: não tenho Deus por companhia.

– Não acredita em Deus?!?

– Sim, acredito! Mas acho que não sou boa companhia para que Ele fique comigo. O senhor... Desculpe-me... Você se sente na companhia Dele?

– Tudo o que faço, Marta, faço com a certeza de que estou diante Dele.

– Será, Leonardo, que o meu Deus é o mesmo que o seu?

– Deus é um só, mas há muitas maneiras de chamá-Lo e, também, são inúmeros os meios de entendê-Lo. Porém, não importando nossa crença, devemos adorá-lo acima de todas as coisas. Viver tendo-O por companhia é tudo fazer para viver no Bem e para o Bem. Marta, deve consolar-se com a morte física de sua sobrinha, porque só seu corpo foi sepultado. Nosso choro desesperado perturba nossos entes queridos do lado de lá. Confie no Pai, ore. Estará assim ajudando sua sobrinha.

– Acredita mesmo nisso?

– Claro, o espírito, a alma, sobrevive ao corpo. Meu filho Leonel partiu cedo, com dezesseis anos, mas está bem melhor agora, mais feliz do que estava aqui, preso a um corpo doente. E estarei um dia com ele, quando me for também.

– Qual é a sua religião, Leonardo? Fala com tanta convicção!

– Sou espírita. Conhece?

– Bem... Na verdade não conheço bem nenhuma, mas fui certa vez a um centro espírita com uma amiga. Vi sentada à mesa, fazendo parte da equipe de ajuda, uma pessoa de mau procedimento e não voltei mais lá.

– Marta, o Espiritismo é uma religião aberta a todos. E é certo que, para pertencer à equipe de ajuda ou à corrente mediúnica, deve o orientador encarnado do centro espírita exigir boa moral. O Espiritismo tem insistido muito com seus seguidores na reforma íntima, na troca de vícios por virtudes. Se nem todos o fazem, não é culpa da religião. Uma pessoa de má conduta deve regenerar-se primeiramente para depois pertencer a uma equipe de auxílio ou participar do trabalho mediúnico. Será que você não deu uma desculpa a si mesma para não voltar?

Marta não respondeu e abaixou a cabeça, envergonhada. Pensou: "Quem sou eu para julgar alguém?"

– Já almoçou, Marta?

Como ela negasse com a cabeça, Leonardo convidou-a:

– Venha, almoce comigo. Fritaremos mais alguns ovos.

Automaticamente Marta levantou-se e seguiu Leonardo até a cozinha, com a conversa girando em torno de assuntos culinários. Acabaram de fazer a refeição, almoçando em silêncio. Marta sentia-se bem ao lado dele, pois sua calma fazia-lhe bem. Aceitou de imediato seu convite para passear. Caminharam devagar pela calçada e Marta falou-lhe com sinceridade:

– Leonardo, que feliz idéia tive em visitá-lo. Se tivesse ficado em casa, estaria sem alimentar-me e chorando.

Leonardo sorriu e Marta reparou que ele era jovem ainda, charmoso e muito educado. De forma natural, ele contou a ela sua história:

– Casei cedo. Minha esposa e eu éramos felizes, porém o tempo passava e ela não engravidava. Fomos ao médico e, após muitos exames, constatou-se que eu era estéril. Resolvemos adotar crianças, e Leonel recém-nascido veio alegrar nosso lar. Quando ele completou dois anos, Ivone, minha esposa, adoeceu e nunca mais recuperou a saúde. Com câncer, viveu anos entre médicos e hospitais, fazendo com que adiássemos a idéia de mais adoções. Quando Ivone desencarnou, ficamos Leonel e eu, e a vida voltou ao normal por uns tempos. Em certa época, notando o menino pálido, levei-o ao médico, que diagnosticou leucemia. Lutamos contra a morte, mas meu Leonelzinho se foi. E aqui estou até que chegue minha hora também. E você, Marta? O que se passa com você?

Marta suspirou triste vendo Leonardo tranqüilo e sereno, não parecendo que tinha passado por tantos sofrimentos. Abriu seu coração e contou toda sua história, sem omitir nada, sem desculpar seus erros. Não chorou e acabou exclamando:

– Vê, Leonardo, como tenho motivos para me envergonhar de Deus, de querê-Lo por companhia?

– Marta, se de fato envergonha-se de Deus, deve modificar-se e acabar com o motivo que a leva a isso. Arrepender-se com sinceridade dos nossos erros significa que, se voltássemos atrás, agiríamos diferentemente. Não se aflija tanto e recomece sua vida, mas recomece acertando. Já pensou em quantas pessoas estão sofrendo pela morte de alguém querido neste momento? Pode ajudar Nely agora, mas de outra forma: orando por ela e, em seu nome, ajudando outras pessoas. É certo que somos donos de nossas obras, mas ajudar alguém, pela intenção de outrem, é orar. E orar com sinceridade também é fazer a caridade para o próximo. Fez bem, Marta, em separar-se de Cristiano. Há tempos observo você, pois me penalizo por vê-la ligada a um amor assim. Desculpe-me, mas no prédio todos sabem, comentam; depois, é bonita demais para passar despercebida. Marta, estou de férias. Volto ao trabalho na semana que vem. Posso nesses dias ajudá-la, se quiser, a arrumar outro emprego. Se concordar, podemos começar pela firma em que trabalho e amanhã mesmo.

– Ah, Leonardo, agradeço! Quero sim!

Anoitecia quando voltamos. Marta entrou no apartamento e o telefone tocava. Atendeu e franziu a testa. Era Cristiano, como sempre indelicado:

– Marta, onde estava? Liguei a tarde toda. Quero-a aqui amanhã no trabalho. Onde estão os documentos do cliente "Z"?

Marta respondeu, friamente:

– Calma, Cristiano. Não tenho que lhe dar satisfação. Os documentos estão na sua mesa, na terceira gaveta à direita. Meu pedido de demissão é verdadeiro. Não volto mais, nem para você nem para o trabalho. E não me ligue mais, por favor!

Desligou o telefone e deu dois passos, porém voltou e tirou-o do gancho.

Trocou-se para dormir. Ia dar-lhe um passe, porém Marta orou, e a oração sincera e comovida deu-lhe a paz de que tanto necessitava. Adormeceu.

No dia seguinte, acompanhei-os. Marta notou, e eu também, o quanto Leonardo era querido e estimado por todos em seu local de trabalho. Lá, fez um teste, com perfeição, e foi contratada logo após como datilógrafa, para começar no dia seguinte. Na volta, Marta agradeceu a Leonardo:

– Leonardo, obrigada! Vou ganhar menos, mas tudo bem, pois todos lá são muito simples e não necessitarei comprar muitas roupas para ir trabalhar. Gostei de todos, serei eficiente e não se arrependerá por ter-me recomendado.

– Marta, hoje à noite teremos uma reunião de estudo sobre a Doutrina Espírita. Quer ir comigo?

– Quero. Ontem, enquanto orava, senti que, se quero realmente modificar-me, tenho que começar a seguir uma religião. E o Espiritismo, julgando por você que o segue, deve ajudar-me a melhorar. Necessito mesmo reformar-me intimamente.

Com a certeza de que Marta encontrara em Leonardo a ajuda de que necessitava, voltei aos meus afazeres.

Tempos depois

Decorridos seis meses desde a desencarnação de Nely, tive a feliz notícia de que ela fora socorrida. Encontrava-se na enfermaria de um hospital de auxílio a suicidas, onde por longo tempo receberia amparo e socorro.

A chácara já abrigava diversos idosos e o lugar parecia outro, com padre Anselmo trabalhando duro, todo sujo, ajudando na construção e carregando tijolos. Sentia-se feliz servindo ao Senhor por meio do serviço ao próximo. Gema e João estavam muito bem, ajudando, saudáveis e tranqüilos, o padre no trabalho de reforma da casa e a cuidar dos idosos.

Nos fundos do imóvel, havia uma imensa horta, onde os internos contentes trabalhavam. O jardim com aspecto diferente já não continha os canteiros tortos nem as estranhas e feias estatuetas. Quando chegamos, dona Gema tinha colhido uma rosa linda e, contente, foi mostrá-la ao padre:

– Padre Anselmo, veja que linda! É a primeira que floresce no jardim.

– Gema – disse ele –, coloque-a no jarro. Vamos ofertá-la à Virgem.

A casa estava diferente: toda aberta, movimentada e agradável devido aos fluidos benéficos produzidos pela oração e pela caridade.

Visitei Marta, que estava muito diferente no aspecto físico: agora bem mais simples, sem o excesso de maquiagem e a tintura nos cabelos. Parecia mais jovem e bonita. Também modificara seu íntimo e estava tranqüila, em paz. Notei, pelos seus fluidos, que orava muito agora, que sua fé aumentara, que estava reformando-se intimamente. Preparava o jantar e aguardava ansiosa uma visita.

Leonardo chegou: era a visita que Marta esperava. Trazia-lhe flores e gaguejou ao falar:

– Marta, quero... Bem, quero que se case comigo!

– Oh, Leonardo! Pensei que nunca iria pedir-me em casamento! Quero, sim!

Abraçaram-se, felizes.

– Vamos casar logo, Marta. Mudará para meu apartamento; assim, não precisará pagar aluguel. Marcaremos a data para o mês que vem, está bem?

– Leonardo, posso pedir-lhe algo em que há tempos penso? Poderíamos adotar crianças... Duas, três!

– Marta, querida! Agora sei que seremos felizes realmente. Você é boa, é um amor. Crianças? Que beleza!

Desejei-lhes muita felicidade e saí, deixando-os a fazer planos para o futuro.

Dois anos se passaram. O asilo, repleto de abrigados, era uma instituição que exemplificava, pelo carinho com que os idosos eram tratados, e padre Anselmo ainda construiu na propriedade e a aumentou, fazendo chalés.

Marta e Leonardo estavam felizes com os três rebentos que adotaram, dois meninos e uma menina, sendo negro o menor deles.

Muitas vezes, nesse tempo, visitei Nely. Naquele dia, entretanto, ao entrar na enfermaria, vi um homem ajoelhado ao lado de seu leito. Não querendo interromper, esperei que a visita se fosse para falar com minha amiga.

Não esperei muito. O homem levantou-se e, ao sair, passou por mim. Então o reconheci: era Raquek. Um Raquek diferente, vestido com simplicidade, limpo, mas triste e com lágrimas nos olhos.

Aproximei-me de Nely, que sorriu ao ver-me:

– Tio Antônio Carlos, veio ver-me?

– Como vai, minha pequena Nely?

Nely melhorara e logo seria transferida para outra ala, onde se levantaria do leito e poderia passear pelos jardins; depois de algum tempo, freqüentaria as salas de aula. Seu aspecto era o de uma doente em convalescença. Sentia ainda as perturbações que provocara em seu perispírito. Teria muito do que reclamar, demonstrando estar aprendendo as lições de bem-viver, que não devemos nos apiedar de nós mesmos e que queixas e tristezas só envenenam mais os sofrimentos.

Respondeu-me, deixando de sorrir:

– Recuperando-me, tio. Estou me recuperando. Tio Antônio Carlos, o senhor viu aquele homem que aqui estava? Parece gostar de mim, mas, não sei por que, não sinto o mesmo por ele. Sei que é errado não querer bem a ele, porém não sinto raiva ou ódio, só não gosto dele. Pareceu-me que ia fazer-me algo de ruim. Pediu-me perdão, dizendo que gostava de mim e que, quando eu era criança na vida física, não tivera compaixão por mim e que abusara da minha solidão. Depois disse adeus, informando que ia reencarnar e que orava todos os dias pedindo a Deus a oportunidade de, um dia, fazer-me o Bem. Falou, falou, e eu só escutei. Lembrei-me vagamente de algumas coisas: do tablado, como chamava um quadrado de madeira pintado com letras e números com que eu brincava, e de um espírito arrogante e feio que me respondia. Não gosto de recordar, faz-me mal, dói-me o remorso e, também, vejo sangue e rosa, carne crua e animais feridos. Quando fico triste, tia Isaura recomenda-me não pensar nisso. Será que o conheci? Só sei que me lembro bem de dona Gema e do senhor João, porque recebo muitas orações deles, e, também, da tia Marta e do tio Leonardo, que se casou com ela. Faz-me bem receber esses incentivos: dão-me ânimo e coragem, fazendo eu me sentir amada. Quero ficar como eles desejam: sadia e feliz!

– Você é querida, Nely!

– É verdade. O senhor e o tio Carlos visitam-me muito e aqui eu tenho amigos, inclusive tia Isaura, que me quer muito bem!

Tia Isaura era uma psicóloga que tudo fazia para recuperar os abrigados daquela enfermaria: os jovens que se suicidaram.

– A prece, Nely – disse-lhe, voltando ao assunto –, faz-nos muito bem! Onde quer que estejamos, ao orar por alguém, os fluidos vão até ele, fortalecendo-o, transmitindo nosso recado de amor. A oração é o elo de que todas as criaturas dispõem para obter auxílio e ajudar os outros ou para entregar-se às forças positivas do Bem. Aprenda, Nely querida, a orar com fé e amor.

– Ontem aprendi uma oração linda que tia Isaura me ensinou. Quer ouvi-la?

E Nely recitou:

– Pai Celeste, abençoe-me nessa hora de dor e remorso.

"Dá-me coragem para bem sofrer.

"Dá-me alegria para viver.

"Dá-me o Amor, para que possa distribuí-lo a todos os meus irmãos. Amém!

"Bonita, não é?"

– Sim, bonita e comovente. Tenha como hábito orar sempre, Nely, e o mais importante: aprenda a fazer a oração por si mesma. Deixe-a brotar do coração, não só pedindo, mas agradecendo também.

– Oh, sempre agradeço! Por estar aqui, por ter tia Isaura, tio Carlos e o senhor.

Sorrimos. Dei-lhe um passe e deixei-a adormecida.

Saí da enfermaria e, ao chegar ao jardim que circunda o hospital, Raquek esperava-me:

– Posso falar-lhe um momento?

– Claro que sim. Sentemos neste banco.

– O senhor desculpe-me se o incomodo, mas sei que estava na equipe que me socorreu há dois anos e quero agradecer-lhe. Desejo também saber notícias de Nely. Como ficará ela?

– Nely recupera-se rapidamente, melhora muito e logo poderá estudar e participar de lazeres com o grupo de jovens.

– Em breve reencarnarei e preciso ajustar-me ao meio em que vou viver na Terra. Duras provas esperam-me nessa encarnação, mas estou confiante, porque aprendi muito nesse tempo, na escola, e sinto-me forte e disposto a resgatar meus erros. Quero pedir-lhe um favor: cuide de Nely por mim também.

– Claro, Raquek, estarei sempre com ela. Ela será bem orientada e preparada.

– Sabe meu nome! Sabe também minha história?

Concordei discretamente com a cabeça, pois não queria que ele se sentisse humilhado ou envergonhado. Porém, Raquek abaixou a cabeça e continuou a falar tristemente, demonstrando que aqueles dois anos na escola de recuperação na colônia foram-lhe úteis e proveitosos:

– Fui ocioso e mau. Sempre me aproveitei de pessoas invigilantes e não instruídas, fazendo brincadeiras com elas na Terra. Quando possível, até me materializava para provocar-lhes susto e medo. Saindo à procura de Ana, vim para o Brasil e aqui encontrei um campo vasto para minhas brincadeiras, inclusive incorporava em médiuns vaidosos e dizia ser uma pessoa famosa; então, ria às gargalhadas ao ser acreditado. Participei de muitas brincadeiras do copo com encarnados que, invigilantes, não sabem o perigo que correm com isso. Satisfazia-os respondendo asneiras, pois achava que mereciam escutar. Respondia com tolices que me vinham à mente, na hora, às inúmeras perguntas bobas que faziam, contando histórias tristes e comoventes. Achava isso certo naquela época, dizendo que nenhum encarnado tinha o direito de fazer desencarnados de empregados ou adivinhos. Divertia-me muito e vi, também, muitos problemas sérios começarem com essas invocações, que provocam muitas obsessões. E isso acontece porque muitos dos espíritos evocados, gostando do lugar ou das pessoas, ficam com elas, como eu que, procurando um lugar para levar Ana quando ela desencarnasse, encontrei Nely que chamava um espírito para responder-lhe. Gostei do lugar, achei-o seguro e lá fiquei, usufruindo o lar alheio. Muitas desgraças atraem os encarnados para si por meio de brincadeiras ou curiosidades. E, depois de chamarem os espíritos e respondidas às perguntas, eles querem afastar os que foram convidados, proferindo orações decoradas, juntamente com ramos, ervas ou água benta. Podem certas ervas, quando queimadas, ser tóxicas e incomodar espíritos maus e ociosos. Mas eles voltam depois, mais furiosos e rancorosos por terem sido expulsos. Só não entrava em lares onde a oração era sincera, e *O Evangelho Segundo o Espiritismo*, estudado e vivido, deixando fluidos que faziam uma barreira pela qual não conseguia passar. Nem espíritos com minha experiência passam por ela. Onde os pensamentos de caridade dos moradores fluem de modo que favorece os semelhantes, ou seja, com fluidos bons, torna-se insuportável, ali, a presença dos invasores de lares alheios, dos inescrupulosos que semeiam desgraças. Mas, quando são convidados ou chamados, sentem-se então donos tanto do lugar como das pessoas. Vampirizam fluidos como pagamento pelas respostas dadas e julgam-se ainda credores.

Raquek silenciou e indaguei, mudando de assunto:

– E Ana?

– Ana perdoou-me. Está bem. Serve e estuda aqui na colônia. Obrigado por ouvir-me. Agradeça em meu nome a todos da equipe que nos ajudaram, que não nos repeliram e que tiveram por nós a maior caridade, despertando-nos para a verdadeira vida. Adeus!

Raquek levantou-se e deu uns passos, mas levantei-me e o alcancei:

– Raquek, espere! Permita-me abraçá-lo? Desejo que você, irmão amigo, aproveite as lições que terá na nova vida. Que tenha um feliz retorno para nós e no tempo certo!

Pela primeira vez vi Raquek sorrir. Retribuiu meu abraço:

– Obrigado! Obrigado!

Raquek partiu. Sentei-me no banco novamente e orei por ele:

– Deus-Pai, abençoe esse Seu filho pródigo que regressa ao corpo físico para uma nova tentativa. Necessita ele de bênçãos e apoio, para que vença seus vícios e adquira virtudes. Iluminai-o com Seu amor, fortalecendo seus propósitos de melhoria, para que possa aproveitar a bênção da encarnação fazendo o Bem e que, ao regressar ao mundo espiritual, tenha a tarefa cumprida. Que Jesus o abençoe!

Recordava essa história sentado num banco do tranqüilo e belo jardim na frente do departamento em que, no momento, tinha a oportunidade de servir e obter conhecimentos. Fui despertado das minhas recordações pela voz suave de Laura, companheira de equipe:

– Antônio Carlos! O irmão está sendo esperado para um novo trabalho.

– Ah, sim! Obrigado!

Novo trabalho, novas tarefas. Como sou grato pelas atividades a mim confiadas dentro de uma equipe! Como é gratificante o labor na Seara do Pai, como simples serviçal, aprendendo a cada ajuda, construindo, amenizando dores e recuperando almas! O trabalho no Bem é a grande oportunidade que o Pai dá a todos nós, Seus filhos, para que caminhemos, progridamos e aprendamos sempre mais.

Acompanhei-a, feliz.

Ao terminar a leitura deste livro, talvez você tenha ficado com algumas dúvidas e perguntas a fazer, o que é um bom sinal. Sinal de que está em busca de explicações para a vida. Todas as respostas que você precisa estão nas Obras Básicas de Allan Kardec.

Se você gostou deste livro, o que acha de fazer com que outras pessoas venham a conhecê-lo também? Poderia comentá-lo com aquelas do seu relacionamento, dar de presente a alguém que talvez esteja precisando ou até mesmo emprestar àquele que não tem condições de comprá-lo. O importante é a divulgação da boa leitura, principalmente da literatura espírita. Entre nessa corrente!

Conheça um trecho do magnífico livro *Reconciliação*

Romance do Espírito
Antônio Carlos
Psicografado pela médium
Vera Lúcia Marinzeck de Carvalho

Um dos romances mais emocionantes do Espírito Antônio Carlos. Dramática, a narrativa inicia-se com o assassinato de Raul e sua mãe. O criminoso é Manuel, o próprio pai do menino. A partir daí, o desdobramento dos acontecimentos levará a momentos inesquecíveis e a incríveis surpresas. Uma nova reencarnação aguarda Raul. Seu pai será, novamente, o mesmo: Manuel. Enquanto sua mãe recusa-se a superar o ódio que toma conta do seu espírito, Raul regressa ao corpo físico junto ao assassino.

Um dos grandes sucessos de Antônio Carlos, este livro destaca a misericórdia de Deus, agindo por intermédio da reencarnação, valioso aprendizado das Leis Divinas.

– Mãe! Por que está aqui? Não deveria estar no céu? Por que está toda suja? A senhora morreu, beijei seu corpo frio e fétido. Não está com a vovó? E Raul? Morreram juntos. Que faz aqui? Quer orações?

Taís falava depressa, cada vez mais assustada e com medo. Mamãe ficou parada, não conseguiu falar nada, olhava Taís com admiração e espanto. Minha irmã quis chorar, tremia toda. O professor Eugênio aproximou-se de Taís, transmitiu-lhe um passe de paz, tranqüilidade, fez com que retornasse ao corpo.

Nós, como mamãe, vimos Taís como duas, seu corpo e seu espírito; mamãe teve um choque ao presenciar esse fato e, pelo que escutara, saiu correndo do quarto. O professor ficou com Taís e acalmou-a com passes, até que serenou.

– Taís está bem, Raul, não deverá lembrar-se do fato.

– Se lembrasse, seria triste para ela recordar a mãezinha neste estado.

Fomos encontrar com mamãe, voltara para a escada. O professor se fez visível novamente a ela e recomendou-me:

– Não interfira, Raul, fique perto, ore, vibre, conversarei novamente com ela.

Fiquei a dois degraus dela e orei com fé, pedi a Deus que nos inspirasse e fizesse com que meu mestre a convencesse, a doutrinasse. O professor falou-lhe, calmamente:

– Filha, ainda por aqui?

Mamãe assustou-se, quis fugir. Depois, reconheceu o confidente que encontrara à tarde, acomodou-se novamente, não respondeu. Nisto, passou meu pai em espírito, desligado pelo sono físico, embaixo da escada. Estava tranqüilo, parecia que passeava. Mamãe escondeu-se no vão da escada.

– É ele! Não quero que me veja. Tenho medo!

– Como quer se vingar dele se tem medo?

– Ele matou e pode matar de novo.

– Está morta, então?

– Não sei, é tão confuso. Primeiro sinto a presença de minha mãe, que morreu há tanto tempo. Depois, vi meu Raul, o meu filhinho querido que morreu. Aqui ninguém fala comigo, parece que nem me vêem. Agora mesmo, minha filha virou duas, uma deitada na cama e a outra estava como eu, falou comigo, disse que morri. Mas o senhor me vê, não é? Fala comigo.

...

Romances de Antônio Carlos

Psicografados por Vera Lúcia Marinzeck de Carvalho

Morri! E agora?

Diversos espíritos descrevem sua passagem para o outro lado da vida. Morri! E agora? Onde estou? Na realidade, a maioria dos encarnados não se preocupa com essa inevitável transferência de plano – motivo pelo qual o Espírito Antônio Carlos reuniu tão expressivos depoimentos.

Filho adotivo

Dois irmãos são dados para adoção ainda crianças. Já adultos, voltam a se encontrar e começam a namorar. Como a espiritualidade os ajudará? Não deixe de conhecer essa história repleta de surpresas.

Muitos são os chamados

Marcos, jovem médico recém-formado, vê em sua profissão apenas um meio de ganhar dinheiro e ignora totalmente os apelos da espiritualidade na ajuda aos mais necessitados. Mas, um dia, perceberá seu erro...

Reconciliação

Narrativa esclarecedora e envolvente. Tudo começa com um duplo assassinato, o pai matando a facadas o filho e a própria esposa. Depois, uma lição maravilhosa de perdão e reconciliação. Se você gosta de um belo romance, não pode deixar de ler este livro.

Reparando erros de vidas passadas

Conheça a história de dois médicos que em encarnações passadas fizeram experiências científicas com seres humanos e assumiram assim inúmeros débitos. Um livro fascinante!

Leia e recomende!

À venda nas boas livrarias espíritas e não-espíritas

Livros da Patrícia

Best-seller

Violetas na janela

O livro espírita de maior sucesso dos últimos tempos – mais de 1,5 milhão de exemplares vendidos! Você também vai se emocionar com este livro incrível. Patrícia – que desencarnou aos 19 anos – escreve do outro lado da vida, desvendando os mistérios do mundo espiritual.

Vivendo no mundo dos espíritos

Depois de nos deslumbrar com *Violetas na janela*, Patrícia nos leva a conhecer um pouco mais do mundo dos espíritos, as colônias, os postos de socorro, o umbral e muito mais informações que descobrimos acompanhando-a nessa incrível viagem.

A casa do escritor

Patrícia, neste livro, leva-nos a conhecer uma colônia muito especial: A Casa do Escritor. Nesta colônia estudam espíritos que são preparados para, no futuro, serem médiuns ou escritores. Mostra-nos ainda a grande influência dos espíritos sobre os escritores.

O vôo da gaivota

Nesta história, Patrícia nos mostra o triste destino daqueles que se envolvem no trágico mundo das drogas, do suicídio e dos vícios em geral. Retrata também o poder do amor em benefício dos que sofrem.

Leia e divulgue!
À venda nas boas livrarias espíritas e não-espíritas

Psicografados por Vera Lúcia Marinzeck de Carvalho

Livros de Alceu Costa Filho

Nas margens do grande rio
Romance do Espírito Xisto Vinheiros
Anselmo e Eulália vivem às margens do Rio Araguaia. Na fazenda, espíritos conspiram com perversas intenções de vingança.

Entre amigos
Ditado pelo Espírito Filipe
No plano invisível do centro espírita, acontecimentos envolvem os que ali se encontram, beneficiados pelo trabalho de espíritos benfeitores.

Ao entardecer de uma existência
Ditado pelo Espírito Cornélio Pires
Sentindo-se abandonado e inútil, Francisco vive de recordações. Um visitante espírita, Luiz, vai ganhar sua amizade e auxiliá-lo a mudar sua vida.

À sombra da luz
Ditado pelo Espírito Filipe
O Espírito Filipe e seus caravaneiros instalam, na tenebrosa região dominada por Ponciano, um posto avançado, o "Luz", para socorrer almas arrependidas.

Uma flor do nosso jardim
Romance do Espírito Nina Arueira
Celina, órfã, está sozinha na casa que herdou. Procurando ajudá-la, um espírito a acompanha...

Do amor nasce o perdão
Romance do Espírito Xisto Vinheiros
Depois de várias encarnações, unidos pela ambição, Getúlio e Sérgio lutam contra os desafetos do passado.

O diário de Sofia
Narrado pelo Espírito Nina Arueira
Entre a vida e a morte, Sofia vive uma experiência fantástica. Hospitalizada, em coma, ela vai adentrar a uma nova realidade: a vida espiritual.

Leia e recomende!
À venda nas livrarias espíritas e não-espíritas